हरिशंकर परसाई

22 अगस्त, 1924 को मध्य प्रदेश, होशंगाबाद के जमानी गाँव में जन्मे हरिशंकर परसाई का आरम्भिक जीवन कठिन संघर्ष का रहा। पारिवारिक जिम्मेदारियों के बीच उन्होंने नागपुर विश्वविद्यालय से हिन्दी में एम.ए. किया और फिर 'डिप्लोमा इन टीचिंग' का कोर्स भी।

उनकी प्रकाशित कृतियाँ हैं—'हँसते हैं रोते हैं', 'जैसे उनके दिन फिरे' (कहानी-संग्रह); 'रानी नागफनी की कहानी', 'तट की खोज' (उपन्यास); 'तब की बात और थी', 'भूत के पाँव पीछे', 'बेईमानी की परत', 'वैष्णव की फिसलन', 'पगडंडियों का जमाना', 'शिकायत मुझे भी है', 'सदाचार का तावीज', 'विकलांग श्रद्धा का दौर', 'तुलसीदास चन्दन घिसैं', 'हम इक उम्र से वाक़िफ हैं', 'जाने-पहचाने लोग', 'कहत कबीर', 'ठिठुरता हुआ गणतंत्र' (व्यंग्य निबन्ध-संग्रह); 'पूछो परसाई से' (साक्षात्कार)। 'परसाई रचनावली' शीर्षक से छह खंडों में उनकी सभी रचनाएँ संकलित हैं। लगभग सभी भारतीय भाषाओं और अंग्रेजी में उनकी रचनाओं के अनुवाद हुए हैं।

उन्हें 'साहित्य अकादेमी पुरस्कार', मध्य प्रदेश के 'शिखर सम्मान' समेत कई पुरस्कारों से सम्मानित किया गया।

10 अगस्त, 1995 को उनका निधन हुआ।

हरिशंकर परसाई

कहत कबीर

राजकमल पेपरबैक्स

राजकमल पेपरबैक्स में
पहला संस्करण : 2015
पाँचवाँ संस्करण : 2024

राजकमल पेपरबैक्स : उत्कृष्ट साहित्य के जनसुलभ संस्करण

राजकमल प्रकाशन प्रा.लि.
1-बी, नेताजी सुभाष मार्ग, दरियागंज
नई दिल्ली-110 002
द्वारा प्रकाशित

शाखाएँ : अशोक राजपथ, साइंस कॉलेज के सामने, पटना-800 006
पहली मंजिल, दरबारी बिल्डिंग, महात्मा गांधी मार्ग, प्रयागराज-211 001
1, अनमोल सोराबजी संतुक लेन, धोबी तलाव, मरीन लाइंस, मुम्बई-400 002
वेबसाइट : www.rajkamalprakashan.com
ई-मेल : info@rajkamalprakashan.com

यश प्रिंटोग्राफिक्स
नोएडा-201 301 (उत्तर प्रदेश)
द्वारा मुद्रित

मूल्य : ₹250

KAHAT KABEER
Satire by Harishankar Parsai

ISBN : 978-81-267-2853-4

कैफियत

इस पुस्तक में मेरे कुछ 'सुनो भई साधो' स्तम्भ संकलित हैं। यह साप्ताहिक स्तम्भ मैं सन् 1958 से दैनिक 'नई दुनिया', अब 'नवीन दुनिया', जबलपुर, में लिख रहा हूँ। 1947 से ही मैं नियमित स्तम्भ-लेखन कर रहा हूँ। 1947 से 'प्रहरी' साप्ताहिक, जबलपुर में 'अघोर भैरव' के उपनाम से कभी-कभी स्तम्भ लिखा। फिर 'कल्पना' में 'और अन्त में', 'सारिका' में 'कबिरा खड़ा बजार में', 'तीसरी आजादी का जाँच कमीशन' और 'तुलसीदास चन्दन घिसैं' लिखे। 1956-57 में 'परिवर्तन' जबलपुर में 'अरस्तू की चिट्ठी' स्तम्भ लिखा। 'करेंट' में 'माटी कहे कुम्हार से' तथा 'जनयुग' में 'ये माजरा क्या है' स्तम्भ लिखे। अभी भी 'सुनो भई साधो' चल रहा है। 'देशबन्धु' में 'पूछिए परसाई से' सप्ताहिक स्तम्भ में पाठकों के प्रश्नों के उत्तर देता हूँ।

विपुल सामग्री इन स्तम्भों की मेरे पास है, जिसमें से बहुत थोड़ी पुस्तक रूप में आई है। इस पुस्तक में 'सुनो भई साधो' स्तम्भ के कुछ लेख हैं।

इन्हें पाठकों ने शुरू से बहुत पसन्द किया। साहित्य-शास्त्रियों ने पहले खीजकर इनकी अवहेलना की। पर मैं लिखता गया—

न सताइश की तमन्ना न सिला की परवा
न सही गर मेरे अशआर में मानी न सही।

तात्कालिक घटना के सन्दर्भ में लिखे इन स्तम्भों के व्यापक और गम्भीर प्रयोजनों को पिछले कुछ समय से शास्त्री समझ रहे हैं और सौन्दर्यशास्त्र में तरमीम करने की जरूरत भी महसूस की जा रही है। बहरहाल, यह जो हो, पाठकों के हाथों में है।

पुस्तक की सामग्री का चयन और सम्पादन डॉ. श्यामसुन्दर मिश्र ने किया है।

—हरिशंकर परसाई

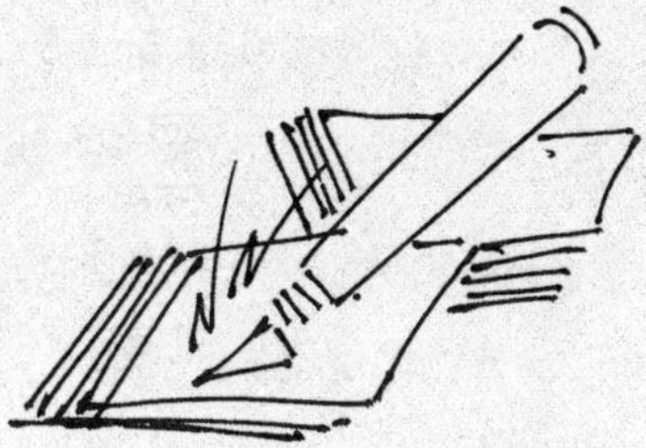

अनुक्रम

बी.जे.पी. का नाटक बदला

साधो, भारतीय जनता पार्टी का सधा हुआ नाटक बहुत मनोरंजक है। इसे देखकर दिल खुश हो जाता है। अगर ये नाटक टिकिट से खेलें तो बहुत पैसे मिलें तथा चुनाव के लिए पैसा इकट्ठा हो। अभी एक ही हफ्ते में तीन नाटक हो गए। डायरेक्टर के आदेश से राम जेठमलानी ने अकाली नेता लोंगोवाल की रिहाई की याचिका सर्वोच्च न्यायालय में पेश की। फिर निर्देशक के ही आदेश से एक पार्टी-नेता मदनलाल खुराना ने इस पर एतराज किया। तब निर्देशन पर राम जेठमलानी ने यह बयान दिया कि मैं ठीक कर रहा हूँ। मैं हमेशा हिन्दू-सिख भाईचारे का समर्थक रहा हूँ। मैं तो लोंगोवाल की तरफ से लड़ूँगा। अगर पार्टी के लोगों को एतराज है तो मैं उपाध्यक्ष पद से इस्तीफा देता हूँ।

साधो, यह हम लोगों के लिए बड़ा सस्पेंस का समय रहा। ऊपर की साँस ऊपर और नीचे की साँस नीचे। क्या ट्रेजेडी हो जाएगी ? पार्टी में फूट पड़ जाएगी ? दर्शक

साँस रोके अगले सीन का इन्तजार करता रहा। तब भारतीय जनता पार्टी की कार्यकारिणी की बैठक हुई। सीन बदला। बैठक में तय हुआ कि पार्टी तो हिन्दू-सिख भाईचारे की हमेशा समर्थक रही है। हम अपने अकाली भाइयों की पूरी मदद करेंगे। राम जेठमलानी ठीक कर रहे हैं, वे कृपा कर इस्तीफा वापस ले लें और राम जेठमलानी ने कृपा करके इस्तीफा वापस ले लिया। ट्रेजेडी बदल गई कामेडी में। मैंने समाचार पढ़ा तो बड़ी देर तक तालियाँ बजाईं।

साधो, हिटलर का प्रचारमंत्री गोविल्स कहा करता था कि एक झूठ को सौ बार कहो तो लोग उसे सच मान लेते हैं। भारतीय जनता पार्टी वास्तव में राष्ट्रीय स्वयंसेवक संघ है जो हिटलर की नाजी पार्टी की पद्धति पर ही चल रहा है। इसलिए भारतीय जनता पार्टी के लोग लगातार झूठ बोलते हैं। गलती से भी सच नहीं बोलते, न सच्चा आचरण करते। आज एक बात कहकर, कल ठीक उसके उल्टा कहने लगेंगे। यह भी हिटलर की नीति थी। 1940 में हिटलर ने फ्रांस और ब्रिटेन से म्यूनिख समझौता किया मगर कुछ दिनों बाद हमला कर दिया। यही आचरण भारतीय जनता पार्टी करती है।

साधो, स्वर्ण मन्दिर परिसर में सैनिक कार्यवाही के पहले दो महीनों से सरकार से माँग कर रहे थे कि तुरन्त सैनिक कार्यवाही की जाए। कारण यह था कि पंजाब में उनकी पार्टी के लोग मारे जाने लगे थे और अटलबिहारी वाजपेयी को भी जान से मारने की धमकियाँ मिलने लगी थीं। तब लाखों स्वयंसेवकों की शिक्षित फौज जिनके पास है, उन्होंने सरकार से प्रार्थना की कि अटलबिहारी की सुरक्षा का प्रबन्ध किया जाए। साधो, सैनिक कार्यवाही हो गई। स्वर्ण मन्दिर परिसर से आतंकवादी गिरफ्तार कर लिये गए और बहुत से मार दिए गए। अब वहाँ बिल्कुल शान्ति है। मगर नाटक देखो, सेना भेजने की माँग अटलबिहारी ने की थी। मगर अब कार्यकारिणी एक प्रस्ताव पास करती है कि सैनिक कार्यवाही की उच्चस्तरीय जाँच होनी चाहिए। खुद ने ही सैनिक कार्यवाही की माँग की थी और जब वह हो गई तब खुद ही माँग करते हैं कि उसकी उच्चस्तरीय जाँच होनी चाहिए। तीन महीने से अकालियों को एक चेहरा दिखा रहे थे और अब उससे ठीक अलग चेहरा दिखा रहे हैं। सेना प्रधानमंत्री और राष्ट्रपति के आदेश से गई थी। इनसे उच्च स्तर का और कौन है इस देश के शासन में! तो उच्च स्तरीय जाँच किनसे करवाएँगे? मैं समझता हूँ कि यह पार्टी चाहती है कि रोनाल्ड रीगन और जनरल जिया उल हक मिलकर सैनिक कार्यवाही की जाँच करें। अटलबिहारी शायद दोनों से प्रार्थना भी करेंगे कि हुजूर, आप दोनों जाँच करके बताएँ कि भारत सरकार ने सैनिक कार्यवाही की तो ठीक की या गलत!

साधो, अब दूसरा सीन भी। तीन महीने पहले से तो यह पार्टी अकालियों के खिलाफ कठोर-से-कठोर कार्यवाही करने की माँग करती रही। राष्ट्रपति ने नजरबन्दी

के लिए एक अध्यादेश जारी किया। उस अध्यादेश में छेद है जिसमें से अकाली बाहर निकल सकते हैं। सारे आतंकवादी भी बाहर निकल सकते हैं और फिर हत्या शुरू कर सकते हैं। इस छेद को बन्द करने के लिए राष्ट्रपति ने अध्यादेश में संशोधन किया। इसका भारतीय जनता पार्टी को स्वागत करना चाहिए था क्योंकि लगातार कठोर सैनिक कार्यवाही की माँग यही पार्टी कर रही थी। मगर अकालियों को खुश करने के लिए कार्यकारिणी ने इस संशोधन का विरोध किया।

साधो, इस कार्यकारिणी में एक और दर्दनाक बात हो गई। कई महीनों से चौधरी चरणसिंह यह कह रहे हैं कि लोकदल और भारतीय जनता पार्टी का विलीनीकरण हो जाएगा। चौधरी को राजनीति बहुत कम समझ में आती है। वे यह नहीं समझ सकते कि भारतीय जनता पार्टी वास्तव में राष्ट्रीय स्वयंसेवक संघ है जिसकी कार्यपद्धति और उद्देश्य चौधरी से भिन्न हैं। कोई फासिस्ट संगठन इस तरह किसी में विलीन नहीं होता। वे लोग चौधरी का उपयोग कर रहे हैं, उनका शोषण कर रहे हैं और उनके राजनीतिक प्रभाव के खून की आखिरी बूँद तक निचोड़ लेंगे। कार्यकारिणी ने साफ निर्णय घोषित कर दिया कि हम अपने अस्तित्व को अलग रखेंगे। किसी के साथ विलीन नहीं होंगे। अब चौधरी चरणसिंह दिल्ली में बैठे-बैठे सिर पीट रहे होंगे। अटलबिहारी की मीठी लच्छेदार भाषा ने बूढ़े जाट नेता को कहीं का नहीं रखा।

साधो, तुम पूछोगे कि यह सब नाटक क्यों हो रहा है ? देखो, ये लोग अब कह रहे हैं कि हम हिन्दू-सिख एकता के लिए अभियान चलाएँगे। सही बात यह है कि पंजाब में हिन्दू और सिख आपस में लड़े ही नहीं। किसी सिख किसान ने किसी हिन्दू किसान पर हमला नहीं किया। सिख आतंकवादियों ने उन्हें मारा जो उनके विरोधी थे—वे चाहे सिख हों, या हिन्दू। ऐसे में जब इसकी जरूरत ही नहीं है तो हिन्दू-सिख भाईचारे का अभिमान चलाने का मतलब है—हिन्दू और सिख में झगड़ा पैदा करना। असल में ये निराश लोग हैं। सी.आई.ए. की योजना में यह था कि पंजाब में एक हिन्दू मारा जाएगा तो बाकी भारत में कई सिख मारे जाएँगे। मगर ऐसा बिल्कुल नहीं हुआ। इससे सी.आई.ए., भारतीय जनता पार्टी और अकाली दल निराश और दुखी हैं। वे सारे भारत में उपद्रव नहीं फैला सके। इसलिए हिन्दू-सिख भाईचारा अभियान के नाम पर यह नई कोशिश है।

साधो, योजना यह है कि अकालियों को पटाकर ऐसी स्थिति बनाई जाए कि आगामी चुनाव में अकाली दल और भारतीय जनता पार्टी में मिली-जुली सरकार बनाई जाए। मगर अटलबिहारी लोंगोवाल को यह विश्वास कैसे दिलाएँगे कि मैंने सैनिक कार्यवाही की माँग नहीं की, लस्सी पिलाने की माँग की थी।

[1 जुलाई, 1984]

फिसलने के सिद्धान्त

साधो, इस दृश्य पर हँसा जाए कि रोया जाए! अगर यह मदारी का खेल होता और बन्दर बन्दरिया को दुल्हन बनाकर घूमता, तो हम हँसते और पैसा देते। मगर यह राजनीति है, जिस पर 70 करोड़ आदमियों का भला-बुरा निर्भर है। न चरणसिंह बन्दर और न अटलबिहारी वाजपेयी बन्दरिया। या न वाजपेयी बन्दर, न चरणसिंह बूढ़ी बन्दरिया। ये राजनेता हैं। ये इस देश पर राज कर चुके हैं। चरणसिंह प्रधानमंत्री रह चुके हैं। अटलबिहारी विदेशमंत्री रह चुके हैं। ये फिर इस देश के भाग्य-विधाता बनने की कोशिश कर रहे हैं। और हमें यह सोचकर हँसी नहीं आती, रोना आता है कि इनका फिर राज हमारे देश पर हो सकता है।

साधो, अटलबिहारी आजकल चरणसिंह को लेकर आम सभाओं में जाते हैं। आम सभाओं में अटलबिहारी की चुटकुलेबाजी के कारण भीड़ काफी होती है। सभा के मंच पर 78 साल के बूढ़े चरणसिंह को लेकर अटलबिहारी इस तरह पहुँचते

हैं, जैसे ऐलान करते जाते हैं—बेचारा बूढ़ा अपंग है। बुद्धि भी मन्द पड़ गई है। सीधा आदमी है। जैसा लोग बहका देते थे, बहक जाता था। एक-से-एक दुष्ट पड़े हैं, राजनीति में। मगर अब मैंने बेचारे बूढ़े को सँभाल लिया है। आदमी भला है। जाटों में बड़ी इज्जत है। जाट पूजते हैं, इस बाबा को।

साधो, अटलबिहारी चुस्त, चालाक, चतुर राजनीतिज्ञ हैं। वे भूले नहीं हैं, इसी आदमी ने आर. एस. एस. का विवाद उठाकर जनता पार्टी तोड़ी थी और देवरस की उस घोषणा को झूठा कर दिया था कि ढाई साल में जनसंघ सरकार पर कब्जा कर लेगा—यानी अटलबिहारी प्रधानमंत्री होगा, हमारा स्वयंसेवक। वाजपेयी को याद है। वह इस बूढ़े को निचोड़ने की कोशिश में है, जिससे इसका रस—जाट वोट—ले लें और इसे मरे शेर की खाल की तरह भूसे से भरवाकर रख दें। तब जाट उसके दर्शन करें और अटलबिहारी के ब्राह्मण-चरण छूकर उन्हें वोट दें।

साधो, चौधरी ने सार्वजनिक बयान दिया है—मैंने राजनारायण के कहने में आकर तब जनता पार्टी तोड़ दी थी। राजनारायण ने मुझे बहका दिया था। अगर मैंने तब वाजपेयी जी की बात मान ली होती, तो जनता पार्टी नहीं टूटती। चौधरी खुला ऐलान कर रहे हैं कि मैं ऐसा वयोवृद्ध राजनीतिज्ञ हूँ, जो किसी के बहकावे में आ जाता हूँ। इसका एक अर्थ यह भी है कि इस बार मैं वाजपेयी के बहकाने में आ गया। फिर गलती हो गई। खैर, मैं गलती सुधारता हूँ। भारतीय जनता पार्टी से सम्बन्ध तोड़कर पाँच पार्टियों के मोर्चे में जा रहा हूँ। राजनारायण का कहना मान लेता, तो इस बार आर.एस.एस. के चक्कर में नहीं पड़ता।

साधो, राजनारायण तब जानता था कि चौधरी बिना प्रधानमंत्री हुए रहेगा नहीं। और जनता पार्टी के तोड़े बिना यह प्रधानमंत्री बन नहीं सकता। इसके साथ ही इन्दिरा गांधी का समर्थन लेना पड़ेगा। इसके लिए राजनारायण ने संजय से बात की। और चरणसिंह ने इन्दिरा जी का समर्थन इस विश्वास से मान लिया कि दोनों एक माँ के जाए, भाई-बहन हैं। बहन अपने प्यारे भैया को प्रधानमंत्री बना रही है। सब जानते थे कि इन्दिरा गांधी मझधार में डुबाएँगी। मगर चौधरी तो भारत के प्रधानमंत्रियों की लिस्ट में अपना नाम लिखाना चाहते थे। राजनारायण ने चरणसिंह की इच्छा ही पूरी की थी।

साधो, जिसे जोकर समझा जाता है, वह बड़ा काँइयाँ राजनीतिज्ञ है। जो हँसी-हँसी में चरणसिंह का 'कुत्ता' बन गया था। फिर हनुमान बन गया था। फिर प्रोमोट होकर लक्ष्मण हो गया था। वह चमत्कारी पुरुष जिसने विन्ध्येश्वरी देवी की पूजा की थी, तो हफ्ते भर में देवी के आभूषण चोरी चले गए थे। वह जादूगर—सिर पर लाल कपड़ा बाँधे, दाढ़ीदार ठुड्डी को छड़ी के बेंट पर टिकाए, काँइयाँपन से देख रहा है, सब कुछ। हनुमान कौन-सी कुलाँच लेगा, इसका कुछ ठिकाना नहीं है।

और चरणसिंह को पार्टी बदलने में एक सेकंड लगता है। पूरी जिन्दगी उनकी पार्टी बदलते निकल गई है। अभी चौधरी भारतीय जनता पार्टी के गले में हैं, पेट में नहीं गए। कहावत है—जाट मरा तब मानिए, जब तेरहीं हो जाए। हनुमान राजनारायण अपने राम को अहिरावण की कैद से छुड़ाकर फिर कन्धे पर बिठाकर ला सकता है। अटलबिहारी गले पर मजबूत पट्टी बाँधे रहें। चौधरी कहीं गला फाड़कर न निकल जाएँ।

साधो, अब चन्द्रशेखर के संयोजकत्व में पाँच पार्टियों के गुट का हाल सुनो। चन्द्रशेखर ने बहुत अच्छी बात कही है कि अब व्यक्ति की राजनीति नहीं, कार्यक्रम और सिद्धान्त की राजनीति होनी चाहिए। चन्द्रशेखर ने कार्यक्रम घोषित भी किया है। दोनों कम्यूनिस्ट पार्टियों ने समर्थन भी किया है। कुछ कार्यक्रम और सुझाए भी हैं। यह वामपन्थी मोर्चा बन सकता है। मगर ये जानते हैं कि हम दिल्ली में अपने दम पर सरकार नहीं बना सकते। महाराष्ट्र में शरद पवार को अपने को जमाना है, कोई राष्ट्रीय क्रान्ति नहीं करना है। उन्हें जमाने में भारतीय जनता पार्टी सहायक हो सकती है। उन्हें कार्यक्रम से क्या मतलब ? रतूभाई अदानी को माधवसिंह सोलंकी से लड़ने के लिए किस कार्यक्रम की जरूरत है !

साधो, अटलबिहारी जानते हैं कि उनका मोर्चा दिल्ली में अकेला सरकार नहीं बना सकता। चन्द्रशेखर का मोर्चा भी यह जानता है। इसलिए 'कार्यक्रम' पर आधारित कछुए की राजनीति चल रही है। धीरे-धीरे कछुए बढ़ रहे हैं। अटलबिहारी कहते हैं—हमारे द्वार खुले हैं। हमारा गांधीवादी समाजवाद कार्यक्रम है। इधर अगर अखबार की रिपोर्ट सही है तो चन्द्रशेखर ने कहा है—अगर आर. एस. एस. वास्तव में सांस्कृतिक संगठन है, तो भारतीय जनता पार्टी से समझौता वार्ता हो सकती है।

साधो, मैं चन्द्रशेखर से पूछता हूँ—तुम्हें कितने जन्म लेने पड़ेंगे यह पता लगाने को कि आर. एस. एस. सांस्कृतिक संगठन है या नहीं ? भूतपूर्व कम्यूनिस्ट नेता चन्द्रजीत यादव को भी क्या इस बारे में रिसर्च करना बाकी है ? सुभद्रा जोशी को भी नए सिरे से क्या पता लगाना पड़ेगा कि संघ सांस्कृतिक संगठन है ?

साधो, मुझे आशा बँधने लगी है। राजनीति व्यक्ति की नहीं, कार्यक्रम की ही होगी। विपक्षी एकता भी होगी। यह कार्यक्रम पर ही होगी। और कार्यक्रम सीधा होगा—'इन्दिरा हटाओ।' इन्दिरा विरोधी होने के बावजूद कम्यूनिस्ट पार्टियाँ संघ के कारण इस मोर्चे से दूर रहेंगी।

[7 अक्टूबर, 1984]

काश्मीर में दो घटनाएँ

साधो, काश्मीर में इस समय खास घटनाएँ हो रही हैं। अभी वहाँ विपक्षी दलों के नेताओं की मीटिंग हो गई जिसमें कुछ इस तरह की बातें हुईं, जैसी मध्ययुग में होती थीं। तब क्या हाल था—इधर शिवाजी का राज्य, उधर मालवा का; इधर कन्नौज का, उधर बूँदी का; इधर मेवाड़ का, उधर विदर्भ; इधर मगध, उधर इन्द्रप्रस्थ। सब अलग-अलग और आपस में लड़ने वाले। केन्द्रीय सत्ता लगभग नहीं के बराबर। नतीजा यह होता था कि करोड़ों भारतीयों को कुछ हजार विदेशी हमलावर हराकर राज करने लगते थे। लेनिन ने कहा था—मुझे बड़ा आश्चर्य है कि 30 करोड़ हिन्दुस्तानियों पर सिर्फ 10 हजार अंग्रेज राज कर रहे हैं। लेनिन को पता होगा कि इसका कारण था—नौ कनौजिए तेरह चूल्हे। श्रीनगर में फारुख अब्दुल्ला ने जिन्हें बुलाया था, वे नौ कनौजिए तेरह चूल्हे बनाने पर आमादा थे। गनीमत है कि वहाँ राजेश्वर राव थे, जिन्होंने बड़ी मेहनत से इन सूबेदारों को समझाया कि केन्द्र को कमजोर करना देश के लिए खतरनाक होगा।

साधो, डॉक्टर फारुख अब्दुल्ला को एक बात समझ लेनी चाहिए कि शेरे काश्मीर का बेटा भी शेरे काश्मीर होगा, यह जरूरी नहीं। ऐसा तो जानवरों में होता है कि शेर का बेटा शेर होता है और कुत्ते का बेटा कुत्ता। आदमियों में ऐसा नहीं होता। होता, तो जवाहरलाल नेहरू, मोतीलाल नेहरू की तरह बड़े बैरिस्टर होकर अंग्रेज रईस की तरह जिन्दगी गुजार देते। हुआ उल्टा। जवाहरलाल ने पिता के सूट टाई उतरवाकर खादी के मोटे धोती-कुरता पहनवा दिए। शेख अब्दुल्ला ने संघर्ष किया था। वे सही शेरे काश्मीर थे। फारुख ने ऐश किया है, ज्यादातर विलायत में, वे शेरे-काश्मीर नहीं हो सकते। हो सकते हैं, अगर आगे वैसे संघर्ष करें। हम उन्हें शेरे हिन्द मान लेंगे। मगर अभी वे अपनी जबान पर लगाम लगाएँ। अपनी माँ बेगम अब्दुल्ला से कहें कि वे एक बड़े दबंग राजनेता की बीवी हैं और एक मुख्यमंत्री की माँ। वे 'कल्लू की माँ' की तरह बकती हैं—हमारा कल्लू बड़ा साहब बनेगा। वे बेटे को गैरजिम्मेदारी की बातें करने और बर्ताव करने के लिए उकसाती हैं। फारुख के चुनाव-प्रचार में उनके एक तरफ मुस्लिम 'फंडामेंटलिस्ट' (मूलवादी) मौलवी फारुख बैठते थे, और दूसरी तरफ हिन्दू 'फंडामेंटलिस्ट' विश्व हिन्दू परिषद के भूतपूर्व अध्यक्ष राजा कर्णसिंह। यह खतरनाक मानसिकता की बात है। यह गृह-युद्ध करा सकती है—इधर चरणसिंह ने भी बक दिया है कि हिन्दू संगठित हो जाएँ, और राष्ट्रीय स्वयंसेवक संघ में शामिल हो जाएँ।

साधो, राजनीति की बात खत्म करता हूँ। काश्मीर में हुए इससे बड़े हादसे की बात मैं करता हूँ। काश्मीर में जब ये विपक्षी नेता राज्यों को और अधिकार देने तथा इन्दिरा सरकार को गिराने की बातें कर रहे थे तभी दो समाज कल्याण अधिकारी गिरफ्तार कर लिए गए कि उनके पास पाकिस्तान से बुलाई गई 25 किलोग्राम चरस पकड़ी गई। हो सकता है, ये समाज कल्याण अधिकारी इन नेताओं के लिए ही चरस ला रहे हों। चरस के नशे में बुद्धि के सारे दरवाजे खुल जाते हैं और चेतना का स्तर बढ़ जाता है तथा विस्तृत हो जाता है। मगर इन समाज कल्याण अधिकारियों को बीच में ही पकड़ लिया गया। यह खबर बड़े अक्षरों में विशेष महत्त्व के साथ छपी है।

साधो, मुझे इस खबर को पढ़कर दुख हुआ। रामाराव अब साधु हो गए हैं, भगवा पहन लिया है। एक कान में कुंडल पहनकर 'अर्द्धनारीश्वर' हो गए हैं। उनके 3-4 एकड़ के प्लाट में एयर कंडीशंड कुटिया बन गई है—यानी अब उन्हें गाँजा, चरस की जरूरत है। हर साधु को होती है। वैसे वे जिस तरह शासन चला रहे हैं, उससे लगता है, वे भाँग का गोला लिये रहते हैं। पर गाँजा, चरस, मोदक, चंड का मजा ही अलग है। आल्डस हक्सले ने गाँजा पीकर प्रयोग किया था। उनका निष्कर्ष था कि गाँजा पीने के कारण ही भारतीय ऋषि 'त्रिकालदर्शी' होते थे।

बहरहाल, साधो, ये जो पकड़े गए, समाज कल्याण अधिकारी हैं। इनका काम समाज का कल्याण करना है। समाज को चरस चाहिए, तो इनका कर्तव्य है कि ये चरस का इन्तजाम करें। सारी दुनिया में नशे की आदत बढ़ रही है। भारत में बहुत तेजी से नशीले पदार्थों का सेवन बढ़ रहा है। अखबारों में खबरें पढ़ता हूँ कि सरकारी अस्पतालों में रोगियों को 'पेलेडिन' नहीं मिलती। कैसे मिले? लगभग आधे डॉक्टरों को पेलेडिन लेने की आदत हो गई है। मुफ्त में मिलती है न! मेडिकल कॉलेजों के होस्टलों में आधे छात्र नशीली गोलियाँ लेते हैं। कुछ कम प्रतिशत होगा, पर लड़कियाँ भी नशे की गोलियाँ लेती हैं। दिल्ली विश्वविद्यालय में पचास फीसदी छात्र नियमित नशे की गोलियाँ लेते हैं और तीस प्रतिशत छात्राएँ। इनमें से बहुतों के पिता, चाचा, मामा भी ये गोलियाँ लेते हैं।

साधो, तुमने कभी 'मेरिजुआना' और 'हशीश' के 'किक' और 'ट्रिप' का मजा लिया है? एक फूँक जोर से ली तो 'ट्रिप' हो जाती है। साधो, ये नशे ऐसे हैं कि वक्त पर न मिलें तो लतियल बेकाम हो जाता है—शिथिल। वह मुर्दा हो जाता है। उसकी आत्महत्या करने की इच्छा होती है। मैं जब अस्पताल में भर्ती था, तब मुझे एक स्वस्थ, चंगा, अधेड़, पढ़ा-लिखा आदमी मिला। वह खुद डॉक्टर था। वह खुद भरती था। उसे रोग क्या था? वह 'हिरोइन' का आदी था। 'हिरोइन' सबसे ऊँचा नशा होता है, जो नेपाल से ज्यादा आता है। वे दिन में आठ बार 'हिरोइन' लेते थे और परेशान हो गए थे। वे नशा छुड़वाने के लिए अस्पताल में दाखिल हो गए थे। कहने लगे—डॉक्टर ने आठ की जगह अब चार बार कर दिया है। धीरे-धीरे घटाएँगे। पर मैं बेचैन रहता हूँ। लौ लगी रहती है। आपसे बात कर रहा हूँ, पर मन में यही लगा है कि कब घंटा भर बीते और मैं एक खुराक ले लूँ।

साधो, काश्मीर के वे समाज कल्याण अधिकारी समाज के पीड़ितों का कल्याण चरस से करते रहे होंगे। वे कई वर्षों से 'चरस' स्मगल कर रहे होंगे। भारत से भी तो 'रम' और 'ठर्रे' की बोतलें इस्लामी हुकूमत की मदद के लिए पाकिस्तान 'स्मगल' होती हैं। दो देशों में सबसे मजबूत दोस्ती नशे की 'स्मगलिंग' से ही होती है। तस्कर हमारे सबसे अच्छे मैत्री प्रतिनिधि हैं।

[14 अक्टूबर, 1983]

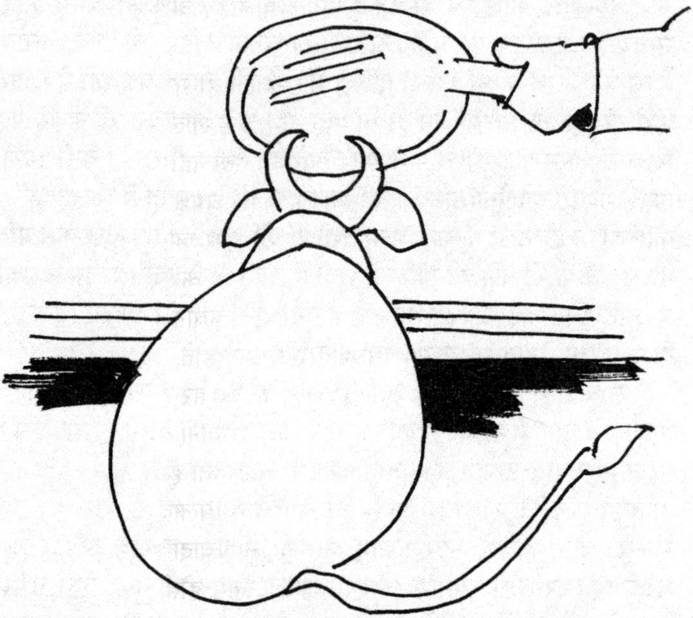

चर्बी का हल्ला और

साधो, इन दिनों चर्बी–ही–चर्बी है। दिल्ली के जैन बन्धुओं से ऐसी गलती हुई कि राष्ट्र उन्हें कभी क्षमा नहीं करेगा। तुम शायद सोच रहे होंगे कि जैन बन्धुओं से यह गलती हुई कि उन्होंने वनस्पति तेल में मिलावट के लिए विदेश से गाय की चर्बी बुलाई? अभी कुछ नहीं कह सकते क्योंकि मामला सिद्ध नहीं हुआ। मैं यह नहीं कहता कि इन लोगों ने मिलावट के लिए चर्बी क्यों बुलाई। चर्बी तो कई सालों से बुलाई जा रही है, देश में भी निकाली जा रही है। राष्ट्र को और राष्ट्रवासियों को इस पर कोई एतराज नहीं है। हमें शिकायत इन जैन बन्धुओं से यह है कि इतने लम्बे अनुभव के बाद भी ये पकड़ क्यों लिए गए। हम इन्हें पकड़े जाने के लिए धिक्कारते हैं, घी में चर्बी मिलाने के लिए नहीं। इनसे चूक कहाँ हो गई? क्या कस्टम वालों को ठीक पैसा नहीं दिया? क्या खाद्य विभाग के अधिकारियों को उनका जायज पेमेंट नहीं किया? क्या मिलावट पकड़ने वालों को सन्तुष्ट नहीं

किया? क्या राजनीतिक सम्बन्धों में ढील आ गई? कहीं भूल जरूर हुई जो चर्बी पकड़ ली गई।

साधो, इनकी इस भूल से हमारा मुँह काला हो गया। एक तो ये जैन अहिंसा परमोधर्मः वाले। सो जैनी परेशान। मगर जैन बड़े शालीन होते हैं। किसी मुनि ने, जैन धर्म नेता ने, किसी जैन संगठन ने इसकी निन्दा नहीं की। मुनि सुशीलकुमार भी चुप। आचार्य तुलसी भी चुप। अणुव्रत वाले भी चुप। धार्मिक मामलों में ऐसी ही सहिष्णुता होनी चाहिए कि धर्म भी निभता रहे और व्यापार भी चलता रहे। साधो, लोग यह कहते हैं कि गौ माता वाला देश, गौ रक्षा के आन्दोलन करने वाला देश, मगर घी में गौ माता की चर्बी मिलाकर उससे पकवान बनाकर खाता है। मैं इनसे कहता हूँ कि अगर कम्पनी के मालिक मुसलमान होते, तब हम गौभक्ति बतलाते। फिर यह चर्बी आयात की हुई है, विदेशी गाय की। हर देश की गाय हमारी माँ नहीं है। अब तुम कहोगे—गुरु, विदेशी चर्बी इतने कारखानों के लिए काफी नहीं है, देशी गाय की चर्बी का इस्तेमाल भी होता है। तो मैं कहता हूँ—इसमें क्या अनैतिक है? जो गाय हमें दूध पिलाती है, वह माता अगर हमें मिलावट के लिए चर्बी दे देती है तो क्या बुरा करती है? गौमाता धर्म से धन्धे को ज्यादा पवित्र मानती है।

साधो, धन्धे और मुनाफे की नैतिकता अलग होती है। धर्म-आचरण अलग होता है। कानून किताबों की चीज है, धन्धे में आचरण की नहीं। अगर यह सिद्ध हो जाए कि आदमी की चर्बी ज्यादा अच्छी 'क्वालिटी' की और सस्ती होती है तो गुप्त रूप से स्वस्थ आदमियों के बूचड़खाने खुल जाएँगे और आदमी की चर्बी निकलने लगेगी। सरकार के मंत्रियों के, पुलिस अफसरों के, शासन के अधिकारियों के सहयोग से ही ये बूचड़खाने चलेंगे, इसलिए जैन एंड कम्पनी सरीखे पकड़ा जाने का डर नहीं रहेगा। वैसे धार्मिक उन्माद के कारण धीरे-धीरे सारा देश आदमी का बूचड़खाना हुआ जा रहा है। पन्थ की रक्षा के लिए जिन उग्रवादी सिखों को आदमी की हत्या करनी पड़ रही है, वे वनस्पति घी की कम्पनियों से सौदा क्यों नहीं कर लेते? अभी हैदराबाद के दंगे में सौ हिन्दू-मुसलमानों की चर्बी बेकार चली गई। जिन नेताओं ने, इत्तेहादुल मुसलमान और संघ के लोगों ने, राजपुरुषों ने, ये दंगा कराया, उन्हें पहले से हैदराबाद की किसी वनस्पति घी के कारखाने से ऊँची क्वालिटी की चर्बी की सप्लाई का सौदा कर लेना था। राजनीति भी सधती और आमदनी भी होती। यों तो लोग इस देश में गरीबी और भुखमरी से लाखों अकाल मौत मरते हैं; पर कम्बख्त सूखकर मरते हैं। चर्बी नहीं होती। किसी काम की मौत नहीं इनकी।

साधो, अब तो बाजार की हर चीज खाने में डर लगता है। सुबह पेस्ट से मुँह साफ करते हैं, तो समझते हैं, जहर मुँह में डाल रहे हैं। उधर बेचारे चरणसिंह और

अटलबिहारी वाजपेयी बारह घंटे के लम्बे अनशन पर बैठने वाले हैं, चर्बी की मिलावट के खिलाफ। इनकी एक-दो ग्राम चर्बी घट गई तो राष्ट्रीय राजनीति कमजोर हो जाएगी। वैसे हम आश्वस्त हैं। सौ में से पचहत्तर भारतीय जनता पार्टी के सदस्य और समर्थक मिलावटी, मुनाफाखोर व्यापारी होते हैं। यह पार्टी उन्हीं की है और सामन्तवादियों की। अटलबिहारी अनशन करके इन्हें निर्भय कर रहे हैं।

साधो, चर्बी की मिलावट का हल्ला हुआ, तो राज्य सरकारें भी सुगबुगाईं। खाद्य विभाग को सख्त हुक्म दे दिया गया कि मिलावट रोको। खाद्य विभाग के लोगों ने व्यापारियों से कहा—सैम्पल दो जाँच के लिए। अब व्यापारियों ने कहा—हम सैम्पल नहीं देंगे। अधिकारियों ने कहा—हम सैम्पल लेंगे। ऊपर के आदेश हैं। साधो, तो व्यापारियों ने विरोध में एक दिन बाजार बन्द किए। अधिकारियों से कहा—तुम्हें ऊपर का हुक्म है न! तो हम ऊपर राजधानी जाकर ठीक करा लेते हैं। साधो, मिलावट कई स्तरों पर होती है, सिर्फ उत्पादन के स्तर पर नहीं। डिस्ट्रीब्यूटर, होलसेलर, फुटकर व्यापारी—सब स्तरों पर होती है। इस सैम्पल की जाँच में अधिकारियों को आमदनी अच्छी होती, यह सही है। मगर व्यापारियों को डर यह था कि दुकानें बदनाम हो जाएँगी। साधो, अब 'सैम्पल' का हल्ला शान्त है। इसका मतलब है कि व्यापारी ऊपर राजनीतिक नेता वर्ग से मिल गए। व्यापारियों ने कहा होगा—आप लोगों को आगामी चुनाव का तो ख्याल करना चाहिए।

तो साधो, ये सब कसरतें बेकार हैं। मुझे उम्मीद है जैन बन्धुओं का भी कुछ बिगड़ेगा नहीं। 'पर्यूषण पर्व' कभी 'प्रदूषण पर्व' नहीं होगा। बीच-बीच में हल्ला होता है और फिर दुराचार ड्योढ़ा होकर आगे बढ़ता है। कौन किसे सदाचार सिखाए, कौन रोके, कौन पकड़े, कौन सजा दिलाए—कड़ी में कड़ी तो फँसी है।

साधो, राष्ट्रपति ने साबुन से नहीं नहाने की घोषणा कर दी कि वह चर्बी से बनता है। उन्हें सलाह दो कि यह प्रतिज्ञा छोड़ दें। कई देशों के राष्ट्रपति, प्रधानमंत्री, उनकी पत्नियाँ जैलसिंह की बगल में बैठते हैं। अभी भी उन्हें यह अड़चन होती होगी। साबुन से नहीं नहाएँगे, तो उनसे ये लोग ठीक से बात नहीं कर सकेंगे। जल्दी उठ जाएँगे।

[12 अक्टूबर, 1983]

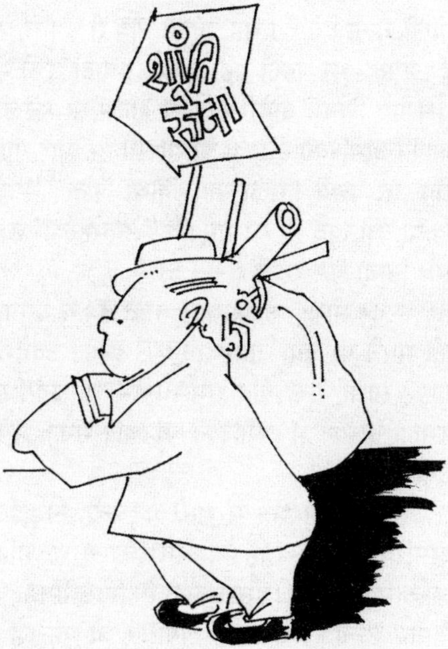

अशान्ति के भूतों की शान्ति सेना

साधो, बेरुत में कांड-ही-कांड होते रहते हैं। पिछले साल इन्हीं दिनों बेरुत में फिलिस्तीनी नागरिकों, स्त्री-बच्चों को इसराइलियों ने इस तरह काटा जैसे सब्जी के लिए भिंडी काटते हैं। यह इसराइल ने अमेरिकी दम पर किया था। मगर हम भारतवासी किसी से पिछड़े हुए नहीं हैं। हमारे यहाँ के 'देशभक्तों' ने असम में, नेली में बेरुत जैसा ही हत्याकांड करके दिखा दिया। स्त्री और बच्चों को भी घास की तरह महान संस्कृति वाली जाति के बीच कायरों ने काटा। जैसे इसराइली हत्यारों को पछतावा नहीं है, वैसे ही हमारे इन कायर जानवरों को भी पछतावा नहीं है।

साधो, अभी बेरुत में एक और कांड हो गया। वहाँ लेबनान में संयुक्त राष्ट्र संघ ने शान्ति स्थापना के लिए सेना भेजी है, जिसमें ज्यादा अमेरिकी सिपाही और कमांडर हैं। कुछ फ्रांसीसी सैनिक हैं। साधो, ये सैनिक हैं। पेट पालने के लिए सेना में नौकरी कर रहे हैं। ये राजनीतिज्ञ नहीं हैं। राज-सत्ता के हुक्म से ये चाहे जिस पर

गोली चला देते हैं। यह इनकी नौकरी है। ये वहाँ शान्ति स्थापना के लिए भेजे गए हैं। हफ्ता-भर पहले यहाँ कुछ उग्रवादी ट्रकों में बम भरकर उन विशाल इमारतों में घुस गए जिनमें अमेरिकी और फ्रांसीसी फौजी रहते हैं। बमों से इमारतें उड़ गईं। काफी अमेरिकी और फ्रांसीसी सैनिक मारे गए। ये शान्ति सेना के लोग थे। शान्ति सेना पर कभी हमला नहीं किया जाता। मगर यह हुआ। यह उन उग्रवादियों ने किया, जो खुद भी मर गए। वे 'आत्महत्या' छापामार थे। इन मौतों से सब दुखी हैं। सब निन्दा कर रहे हैं।

मगर साधो, कई सवाल उठते हैं। ये उग्रपन्थी खुद मरकर अमेरिकी सिपाहियों को मारने पर क्यों आमादा हुए? इनका उद्देश्य क्या है? ये इतने उन्मादी क्यों हो गए? साधो, एक बात समझ लो—जो फ्रांसीसी मारे गए वे गेहूँ के साथ घुन थे। हमला असल में अमेरिका पर था। मगर अमेरिका वहाँ शान्ति स्थापना के लिए उपस्थित था।

साधो, इस क्षेत्र में सारी गड़बड़ी, लड़ाई, हिंसा, हत्या, पिछले कई सालों से अमेरिका करवा रहा है। अमेरिका ने ही हथियार और पैसा देकर इसराइल को आक्रामक बनाया। इसराइल ने फिलिस्तीनियों को उनके देश से भगाया। सीरिया की जमीन छीनी। लेबनान में लगातार जो गृहयुद्ध हो रहा है, वह भी अमेरिका का ही भड़काया हुआ है। अमेरिका लेबनान की सरकार को अपने कब्जे में रखना चाहता है। लेबनान को इसराइल के आतंक में रखकर उसका इस्तेमाल करके पूरे अरब क्षेत्र में आतंक कायम रखना चाहता है। अमेरिका शान्ति के लिए भी सिर्फ बन्दूक और बम की भाषा जानता है। इसके सिवा उसे अंग्रेजी भाषा नहीं आती। अमेरिकी शासक पूरी तरह अपढ़ हैं।

साधो, राष्ट्रसंघ के महासचिव की बुद्धि क्या भ्रष्ट हो गई थी, या उन पर पागलपन का दौरा पड़ा था, जो उन्होंने संयुक्त राष्ट्र की शान्ति सेना में अमेरिकी भेज दिए? यह अमेरिका के दबाव के कारण किया होगा। अमेरिका वहाँ लड़ाई भी कराता है, अशान्ति फैलाता है, अराजकता पैदा करता है। और फिर शान्ति स्थापना के बहाने और फौज भेज देता है। अमेरिका इस क्षेत्र के सारे झगड़े में प्रमुख पार्टी है। अपराधी पार्टी निष्पक्ष शान्ति स्थापना की शक्ति कैसे हो सकती है? हत्यारों को पुलिस सुपरिंटेंडेंट कैसे बनाया जा सकता है? डाकुओं को हाईकोर्ट का न्यायाधीश कैसे नियुक्त किया जा सकता है?

साधो, राष्ट्रसंघ ने यही किया। हत्यारों को पुलिस बना दिया है। नतीजा यह हुआ कि जिस कौम की हत्या अमेरिका करवा रहा है, उसके कुछ उग्रपन्थियों को इतनी नफरत पैदा हुई, ऐसा क्रोध आया कि उन्होंने इन झूठे पुलिसवालों को मार डाला और खुद मर गए। साधो, इस कांड से समझ में आ सकता है कि वहाँ के लोग

अमेरिकी लोगों से कितनी नफरत करते हैं। उधर राष्ट्रपति रीगन मूर्खता से भरी बहादुरी दिखा रहे हैं। कहते हैं—हम वहाँ से हटेंगे नहीं। हम और फौज भेज रहे हैं और गोला-बारूद भेज रहे हैं। बमवर्षक भेज रहे हैं।

साधो, यह पागलपन है। उस क्षेत्र में शान्ति तब हो सकती है जब (1) फासिस्ट इसराइल को अमेरिका प्रोत्साहित न करे, (2) वहाँ फिलिस्तीनियों का अपनी मातृभूमि में स्वतंत्र राष्ट्र बने और उसे सब सुरक्षा की गारंटी दें, (3) इसराइल सीरिया की तथा आसपास की हड़पी हुई अरब भूमि वापस करें, (4) लेबनान में राष्ट्रीय सहमति से सरकार बने और दो क्षेत्रों को स्वायत्तता दी जाए, (5) अमेरिका एक देश को दूसरे से लड़वाना बन्द करे, (6) अमेरिका पूरी तरह इस क्षेत्र से हट जाए।

साधो, मगर अमेरिका न यह करेगा, न होने देगा। पिछले 30 सालों का रिकार्ड है कि अमेरिका जहाँ गया है, अशान्ति पैदा की है। वियतनाम में क्या अमेरिका शान्ति के लिए गया था? जब तक वियतनामियों ने उसे पीटकर न भगा दिया, तब तक वह बम बरसाता रहा। कोरिया में क्या शान्ति के लिए घुसा था? कभी कोरियाई विमान के 269 निर्दोष यात्रियों को क्या शान्ति के लिए मरवा दिया? पाकिस्तान वगैरह को क्या शान्ति के लिए हथियारों से भर रहा है? लैटिन अमेरिकी देशों में क्या शान्ति के लिए फौजी हस्तक्षेप कर रहा है?

साधो, अब अमेरिका का अर्थ हो गया है, उपद्रव, युद्ध, अशान्ति। दुनिया में कोई अमेरिकी शासन का भरोसा नहीं करता—सिवा गुंडे तानाशाहों के। अमेरिका की उपस्थिति का मतलब है अशान्ति। अमेरिकियों ने समूची गोरी जाति को बदनाम कर दिया है। कहीं गोरा दिखता है, तो लोग मानते हैं, यहाँ यह उपद्रव कराएगा।

साधो, राष्ट्रसंघ की यह बेहद नासमझी है कि अशान्ति के एजेन्ट अमेरिका को लेबनान में शान्ति स्थापना के लिए भेजा। राष्ट्रसंघ को कहीं भी शान्ति स्थापना के लिए 'गोरों को' खासकर अमेरिकियों को नहीं भेजना चाहिए। राष्ट्रसंघ को एशिया, अफ्रीका के गुटनिरपेक्ष देशों को शान्ति-स्थापना के लिए भेजना चाहिए। इन पर लोग विश्वास करेंगे।

[18 अक्टूबर, 1983]

मुहर्रम और दशहरा की बधाई

साधो, मुहर्रम और दशहरा एक ही दिन हो और शहर साम्प्रदायिक मामले में नाजुक हो तो, पन्द्रह दिन पहले से पुलिस और प्रशासन घबड़ाने लगते हैं, साधारण नागरिक भी चिन्तित हो जाता है। जिला शासन ऊपर भयंकर रिपोर्ट भेजता है कि शहर में बड़ा तनाव है। यह इसलिए किया जाता है कि ये पर्व शान्ति से निकल जाएँ, तो राजधानी में राजनीतिक मालिकों पर यह प्रभाव जमे कि हालत तो बड़ी खराब थी, कुछ भी हो सकता था—मगर सक्षम और विशेष बुद्धिमान अफसरों ने शान्ति से निपटा दिया। सरकारी नौकरों में ये तरकीबें चलती हैं। खरगोश की घेराबन्दी के लिए दो-तीन बटालियनें लगा देते हैं और बाद में अखबारों में लम्बा समाचार छपा देते हैं कि पाँच शेरों की घेराबन्दी की थी, मगर वे भाग निकले।

साधो, जब मुहर्रम और दशहरा शान्ति से निकल जाते हैं, तब एक दूसरे की पीठ ठोंकते हैं। खुद अपनी पीठ भी ठोंकते हैं। नागरिक चैन की साँस लेता है।

पुलिस और शासन की तारीफ करता है। साधो, मेरा शहर दो विशेषणों से विभूषित है। विनोबा भावे ने इसे 'संस्कारधानी' कहा था और पंडित नेहरू ने 'गुंडों का शहर'। तो यहाँ के नेताओं पर तथा शासन पर दुहरी जिम्मेदारी आ जाती है—दोनों की बात निभाने की। इसलिए कभी इस शहर की छवि संस्कारशील बनाई जाती है और कभी गुंडागर्दी की। दशहरा-मुहर्रम शान्ति से हो गए तो अखबारों में ऐसे समाचार छपते हैं, जैसे कोई चमत्कार हो गया हो। जैसे आम स्वाभाविक तर्कपूर्ण बात यह होती है कि हिन्दू-मुसलमान लड़ते। पर वे नहीं लड़े। भाई साहब, चमत्कार हो गया। अखबारों में सम्पादकीय टिप्पणी छपती है—कि नागरिकों को साधुवाद कि उन्होंने 'संस्कारधानी' की लाज रख ली। शासन को भी धन्यवाद। नागरिकों ने भाईचारे का आदर्श पेश किया।

साधो, यह पढ़कर मुझे शर्म आती है। शर्म इसलिए आती है कि हम इतने गिर गए हैं कि हमने साम्प्रदायिक झगड़े को सहज घटने वाली घटना मान लिया है। एक जरूरी राष्ट्रीय प्रक्रिया मान लिया है। हम मानसिक रूप से इतने बीमार हो चुके हैं कि मानने लगे हैं कि दो सम्प्रदायों के लोगों के जीवन का उद्देश्य सिर्फ आपस में झगड़ना है। हमारे मन में बहुत गहरे में जहर है। हमें इसका आभास नहीं है। इसीलिए जब दंगा नहीं होता तो हम इसे चमत्कार मानते हैं।

मगर साधो, नागरिकों को बधाई क्यों देना! सामान्य नागरिकों के क्या श्रेय हैं? आम मध्यवर्गीय आदमी तटस्थ भाव से हर झूठी अफवाह पर भरोसा करता हुआ घर में दुबका रहता है। उसका रोल कुल इतना है कि वह डरे, नफरत करे और अफवाह फैलाए। साधारण नागरिक न दंगा शुरू करता, न उसमें हिस्सा लेता। दंगे कराते हैं विशिष्ट नागरिक, इज्जतदार नागरिक, राजनेता, धर्मनेता, संस्कृति नेता। इन्हें पुलिस के एस.पी. और कलेक्टर जानते हैं। ये लोग ही दंगे की योजना बनाते हैं। ये दंगे कराए हुए अनुभवी लोग हैं। इनके ऊँचे राजनीतिक सम्बन्ध हैं, ये अपनी पार्टियों के नेता हैं। हमारे लोकतंत्र की यह ट्रेजेडी और कॉमेडी है कि कई लोग जिन्हें आजन्म जेलखाने में रहना चाहिए वे जिन्दगी-भर संसद या विधानसभा में बैठते हैं।

साधो, चोरों, गुंडों, उचक्कों, जुआरियों, अपराधकर्मियों को तो शासन त्यौहार के पहले जेल में डाल देता है। यह ठीक है। मगर दंगे में इनका काम बाद में शुरू होता है। पहला काम है—दंगा शुरू कराना। इन्हें पुलिस अफसर जानते हैं, कलेक्टर जानते हैं, मगर ये कभी जेल में बन्द नहीं किए जाते। ये वे लोग हैं जो हिसाब लगाते हैं कि कब दंगा कराने से राजनीतिक फायदा होगा। किनके आर्थिक हित साधे जाएँगे। यही तय करके बताते हैं कि कैसी वारदात करके, कैसी अफवाहें उड़ाकर उत्तेजना पैदा करना है। ये बिना मौके कभी दंगा नहीं कराते। मौका तय करके कराते

हैं। इसलिए नागरिकों को अपनी और एक दूसरे की पीठ ठोंकना मुझे हँसी की बात लगती है। दंगे के देवताओं को दंगा नहीं कराना था, तो नहीं हुआ। जहाँ आम हिन्दू-मुसलमान का सवाल है—वे कभी आपस में नहीं लड़ते।

साधो, हैदराबाद में बार-बार दंगा यही बड़े लोग कराते हैं। पिछले दंगे के पहले मुख्यमंत्री रामाराव ने इत्तेहादुल मुसलमान के नेता को राजी कर लिया था कि वे हैदराबाद बन्द का आह्वान वापस ले लें। मगर उन्हें फुसलाकर ले गए अन्य विधायक 'राक-कासेल' पाँचसितारा होटल। वहाँ उन्हें समझाया कि तुम अपनी राजनीतिक आत्महत्या कर रहे हो। अरे बन्द करवाओ। वे बहक गए। शहर बन्द और दंगा चालू। वे विधायक जिन्होंने दंगा कराया, आगे मंत्री होंगे। उन्हें होना चाहिए जेल में। बल्कि फाँसी होनी चाहिए।

साधो, दंगे के आसार दिखें तो साम्प्रदायिक संगठनों के नेताओं, कुछ राजनेताओं, कुछ काले धन्धे वालों को जिलाध्यक्ष और एस. पी. बुलाकर कहें—हमें ऊपर से सरकार ने पूरी छूट दे रखी है कि हम चाहे जिस तरह दंगा रोकें। आप लोगों को हम खूब मानते हैं। आप इज्जतदार हैं पर आप दंगा कराते हैं। अगर जरा भी हमें इशारा मिला कि आप खुराफात कर रहे हैं तो हम पहले तो आपको हवालात में बन्द करके आपके कूल्हों की चमड़ी उधेड़ेंगे और हाथ-पाँव तोड़ेंगे। फिर मुकदमे दायर करेंगे। आप चाहे कोई हों, कितने भी बड़े हों। हमें सरकार ने आदेश और अधिकार दिए हैं। मगर ऐसी सख्ती होगी नहीं। दंगे होंगे। तुम और हम अफवाहों के चक्कर में पड़ेंगे।

साधो, अफवाह ऐसी होती है। पिछले दंगे के वक्त एक प्रोफेसर साहब आए। कहने लगे सुबह दो मुसलमान परियट टैंक में जहर डालते देखे गए। परियट टैंक में विशाल जलाशय है, जिसमें शहर को पानी सप्लाई किया जाता है। उस विशाल जलाशय में दो आदमी जहर डाल रहे थे। मैंने प्रोफेसर साहब से पूछा—इतने बड़े टैंक के लिए कितना जहर लगेगा? दो-चार टन से कम तो नहीं लगेगा। फिर उसे सारे जलाशय में फैलाने का इन्तजाम करना होगा। यह चार-पाँच दिन का काम है कई लोगों का। तब वह पानी जहरीला होगा। और आप कहते हैं—दो आदमी जहर डाल रहे थे। आप बुद्धि और तर्क से काम क्यों नहीं लेते?

साधो, अफवाह बुद्धि को भ्रष्ट कर देती है। अभी अपने को बधाई मत दो। पीठ मत ठोंको। आगे चुनाव आ रहे हैं।

[6 नवम्बर, 1983]

चर्बी, गंगाजल और एकात्मता यज्ञ

साधो, तुम पूछोगे कि गुरु यह मामला क्या है—चर्बी, गंगाजल और यज्ञ ? देखो, यह आगामी चुनाव के लिए कार्यक्रमों का घोषणा-पत्र है। अब तुम कहोगे कि गुरु चुनाव घोषणा-पत्र में तो दुनिया-भर में इस तरह की चीजें होती हैं—आर्थिक नीति, उत्पादन की योजना, कृषि विकास, विज्ञान और तकनीक, सामाजिक सुधार, गरीबी दूर करने के उपाय, विदेश नीति वगैरह। मगर यह क्या घोषणा-पत्र है—चर्बी, गंगाजल और यज्ञ! साधो, दूसरे देशों की बात छोड़ो। न वहाँ भगवान पैदा हुए, न इतने देवी-देवताओं ने अवतार लिया, न वहाँ स्वर्ग जाने के इतने रास्ते हैं, न वहाँ इतने धर्म मूढ़ हैं। इसलिए वहाँ लम्बे-चौड़े प्रोग्राम बनते हैं। हमारा मामला दूसरा है, रास्ता सीधा है। यहाँ सिर्फ भगवान को अवतार लेना है और धर्म की स्थापना करनी है। बस, चमत्कार से सब सुखी और समृद्ध हो जाएँगे। दूध-दही की नदियाँ बहेंगी। यहाँ भगवान अवतार लेने को तैयार हैं। ठीक वक्त की तलाश में हैं।

अगर जनता पार्टी सरकार 1982 तक रहती, तो भगवान अवतार ले लेते। पर चरणसिंह ने वह सरकार गिराकर भगवान को अवतार लेने से रोक दिया। अब चरणसिंह को गलती समझ में आ गई। अब चरणसिंह अटलबिहारी वाजपेयी के साथ मिलकर भगवान के अवतार की भूमिका बना रहे हैं।

साधो, यों तो भगवान के अवतार की तैयारी जनता सरकार ने 1978 में शुरू कर दी थी, जब उसने विदेशों से गाय की चर्बी के आयात को खोल दिया था। तब भगवान के अपने दूत धर्म के रक्षक जनसंघ वाले सरकार में थे। उन्हें पाप बढ़ाना था, क्योंकि पाप बढ़े बिना भगवान अवतार नहीं लेते। अन्दाज है कि तभी से वनस्पति घी में गाय की आयातित चर्बी मिल रही है। मगर मोहनधारिया कहते हैं कि तब नहीं मिलाई गई क्योंकि वह महँगी पड़ती है। अब मिलाई जा रही है, जब दिल्ली की एक फर्म को इस मामले में पकड़ा गया। पकड़े जाने का यह अर्थ नहीं है कि सिद्ध हो गया। मगर विपक्षी आरोप लगा रहे हैं कि इस अधर्मी कांग्रेस सरकार के राज में वनस्पति घी में गाय की चर्बी मिलाई जा रही है। जवाब में कांग्रेसी कहते हैं—1977 के पहले तक जब हमारी सरकार थी, तब गाय की चर्बी आयात की सामान्य सूची में नहीं थी। गौ भक्त जनसंघियों वाली जब जनता सरकार बनी तब गाय की चर्बी के आयात की छूट दे दी गई। पाप इन दक्षिणपन्थी विपक्षियों के सिर पर है। इन्हीं ने गौ माता की चर्बी बुलवाई और इन्हीं ने वनस्पति घी में मिलाने दी। धर्म भ्रष्ट इन्होंने किया।

अब साधो, सवाल यह उठता है कि सन् 1978 में एकाएक ऐसी कौन-सी जरूरत आ पड़ी थी कि चर्बी के आयात की छूट देनी पड़ी? उसके पहले भी तो बिना इस चर्बी के काम चल रहा था। क्या तब वनस्पति घी बनाने वालों से सौदा पट गया था? क्या उनका सरकार पर इतना दबाव था कि गौभक्त संघियों को भी गाय की चर्बी बुलाने की छूट देनी पड़ी?

साधो, कांग्रेस और भारतीय जनता पार्टी वाले राष्ट्रीय मोर्चे में यह विवाद जोर पर है। तुम्हारी सरकार में वनस्पति में गाय की चर्बी मिल रही है। जवाब—गाय की चर्बी बुलाने की छूट तुमने दी थी। जवाब—मगर हमारे शासन में चर्बी नहीं मिलाई गई। जवाब—झूठ है। मिलाई जाती थी, पर तुमने पकड़ी नहीं। हमने मिलावट पकड़ी। जवाब-तुमने मिलावट पकड़ी तो पाप तुम्हारे सिर पर। तुमने हिन्दुओं का धर्म भ्रष्ट किया। कोई हिन्दू तुम्हें वोट नहीं देगा। जो तुम्हें वोट देगा, वह नर्क जाएगा। गौ माता उसे वैतरणी पार नहीं कराएगी। साधो, इस विवाद में चाहे जो जीते, बहुत से परिवारों में इस दिवाली पर पकवान नहीं बने।

साधो, इसी चर्बी के साथ कार्यक्रम लगा है—विश्व हिन्दू परिषद का 'एकात्मता यज्ञ'। यह धर्म की चर्बी है, जिसे देश में ही निकालकर राजनीति में

मिलाया जा रहा है। काँइयाँ साम्प्रदायिक राजनेता जानते हैं, इस देश का मूढ़ आदमी न अर्थनीति समझता, न योजना, न विज्ञान, न तकनीक, न विदेश नीति। वह समझता है—गौ माता, गौ हत्या, चर्बी, गंगाजल, यज्ञ। वह मध्ययुग में जीता है और आधुनिक लोकतंत्र में आधुनिक कार्यक्रम पर वोट देता है। इस असंख्य मूढ़ मध्ययुगीन जन पर राज करना है तो इसे आधुनिक मत होने दो। इसे गौ माता, गंगाजल, यज्ञ और रथ में उलझाए रखो। तो साधो, विश्व हिन्दू परिषद की योजना है—'एकात्मता यज्ञ'। विश्व हिन्दू परिषद क्या है? एक ही ब्रह्म की माया के कई रूपों में एक रूप है यह। वह ब्रह्म कौन है? वह ब्रह्म है, हिन्दू साम्प्रदायिकता और पुनरुत्थानवाद। इस ब्रह्म का कारोबार संघ देखता है? इस ब्रह्म की माया के दूसरे नाम हैं—भारतीय जनता पार्टी, अखिल भारतीय विद्यार्थी परिषद, विवेकानन्द शिला स्मारक, कुछ हद तक अरविन्द आश्रम, कल्याण आश्रम, महिला सम्मान आन्दोलन, गिरिजन कल्याण संघ। किसी का कल्याण नहीं छूटा इस माया से। विद्वानों के कल्याण के लिए दीनदयाल उपाध्याय शोध संस्थान है, भारतीय विद्वत परिषद है। मजदूरों के लिए भारतीय मजदूर संघ है।

तो साधो, एकात्मता यज्ञ भारत यात्रा के रूप में होगा। यह कारों में निकलेगा। मगर कार का रूप रथ का होगा। साथ में साधुओं को इकट्ठा चलाया जाएगा। गंगोत्री और गंगासागर से लिया हुआ जल साथ में होगा। इसे आचमन के लिए श्रद्धालुओं को दिया जाएगा। प्रवचन होंगे। उत्तर से दक्षिण और पूर्व से पश्चिम तक यह यात्रा होगी। पश्चिम में यात्रा सोमनाथ तक यह याद दिलाने के लिए होगी कि सोमनाथ को महमूद गजनवी ने लूटा था। यह बात भुला दी जाएगी कि गजनवी के मार्गदर्शक हिन्दू थे। आधे सिपाही हिन्दू थे। सोमनाथ के महन्तों ने गजनवी से सौदेबाजी करनी चाही थी।

साधो, यह 'एकात्मता यज्ञ' कहलाएगा—तामझाम वाला। किनमें एकात्मता? किसलिए एकात्मता? कौन-सा संकट आ गया देश पर? अभी क्या एकता नहीं है? तीन लड़ाइयाँ इस देश ने 1947 से लड़ीं? क्या किसी लड़ाई में एकता की कमी थी? कोई भारतीय या कोई तबका क्या शत्रु से मिल गया था? यह किनकी एकात्मता है? इसका उद्देश्य क्या है? देखो, ये सब सवाल पापी पूछते हैं। तुम साधु हो। इतना समझ लो कि जो लोग देश को धर्म, सम्प्रदाय, वर्ण के आधार पर बाँटने वाले हैं—वही लोग 'एकात्मता यज्ञ' कर रहे हैं। चोर पुलिस की वर्दी पहनकर गश्त लगाते हैं—ऐसा एकात्मता यज्ञ है यह। यह जनता को अन्धविश्वासी, धर्मांध, अवैज्ञानिक, मूढ़, संकीर्ण, साम्प्रदायिक द्वेषपूर्ण रखकर एक साम्प्रदायिक पार्टी को वोट दिलाने का अभियान है। अब तुम समझ गए होंगे—रथ में गाय की चर्बी और गंगाजल दोनों रखे हैं। इसके साथ अटलबिहारी वाजपेयी और चरणसिंह के चर्बी विरोधी एक दिन के

उपवास का पुण्य है। यह यज्ञ वास्तव में 'इलेक्शन मैनिफैस्टो' (चुनाव घोषणा पत्र) है। यह 15 नवम्बर, 83 से जारी किया जाएगा।

मगर साधो, यज्ञ शुरू होने के पहले विघ्न पड़ गया। दो पीठों के शंकराचार्य स्वामी स्वरूपानन्द ने इसका विरोध किया है। इसे पाखंड बताया है। कहा है कि यह धर्म-विरुद्ध और शास्त्र-विरुद्ध है। ऐसे यज्ञ का विधान कहीं प्राचीन वेद-शास्त्रों में नहीं है। उन्होंने यह भी घोषणा की है कि कोई शंकराचार्य इसमें भाग नहीं लेगा।

मगर साधो, 'एकात्मता यज्ञ' होगा। यह धर्म नहीं, राजनीति है। मैंने कहा ही है शुरू में कि आगामी चुनाव चर्बी और गंगाजल का होगा।

[21 नवम्बर, 1983]

राजीव गांधी की अखबारों को नसीहत

साधो, राजीव गांधी व्यावहारिक राजनीति में अभी आए हैं। उन्हें उनकी पार्टी के लोग संजय गांधी बनाने की पूरी कोशिश कर रहे हैं, पर वे बन नहीं रहे हैं, न बनेंगे। उनका चरित्र दूसरे किस्म का है। साधो, कहते हैं—नया मुल्ला ज्यादा नमाज पढ़ता है, यानी नया होने के कारण उसका विश्वास खुदा में ज्यादा होता है। आगे चलकर वह मुल्ला जब घिस जाता है, तब नमाज को रस्म मानता है, खुदा है तो होने दो। नमाज पढ़ना और पढ़ाना रोजी-रोटी कमाने का जरिया है। यही वह मानने लगता है।

साधो, कांग्रेस के राजनीतिक दाँव-पेच छोड़ो तो राजीव गांधी कुछ मौकों पर सही और समझदारी की बातें कहते हैं। भोपाल में पत्रकारों के सम्मेलन में उन्होंने कहा—अखबार राजनेताओं के भाषण ज्यादा छापते हैं। दूसरी सांस्कृतिक, वैज्ञानिक, सामाजिक गतिविधियों के समाचारों की अवहेलना करते हैं।

साधो, बात राजीव गांधी ने काफी ठीक कही। मगर उस रैली में नारा लग रहा था—

उत्तर-दक्षिण — राजीव गांधी!
पूरब-पश्चिम — राजीव गांधी!

समर्थक, चाटुकार, चापलूस, पार्टी वाले तो राजीव को चारों दिशाओं में व्याप्त भगवान बना रहे थे, क्योंकि आगे चुनाव टिकिट वही देने वाले हैं। संजय थे तो नारे लगाए जाते थे : देश की नेता—इन्दिरा गांधी। युवकों के नेता—संजय गांधी! लोगों ने मजाक बना लिया था : बच्चों का नेता—वरुण गांधी!

साधो, सवाल राजीव गांधी से यह है कि—उत्तर-दक्षिण, पूरब-पश्चिम राजीव गांधी का समाचार अखबार छापें या न छापें? यदि न छापें तो खुद राजीव गांधी बुरा मानेंगे। इधर अखबार के मालिक सम्पादक को डाँटेंगे कि आप हमारे सम्बन्ध खराब करा रहे हैं, सरकार से। साधो, राजनेता प्रचार पर जिन्दा रहते हैं। बड़े से लेकर, मध्यम और छुटभैया नेता तक रोज अपना नाम अखबारों में छपाना चाहते हैं। वे भाषण देते हैं, बयान जारी करते हैं। कभी एक-दो किलोमीटर की पदयात्रा करके चार कालम का समाचार छपाना चाहते हैं। ये अखबार वालों को घेरते हैं। मालिक से कहते हैं। इनके समर्थक अखबार तय हैं।

साधो, दूसरी बात यह है कि फिल्मी हीरो-हीरोइन के बाद सबसे मनोरंजक इस देश के नेता ही हैं। सबसे हास्यास्पद रोल और सबसे मजेदार बात यही करते हैं। कितने नेता हैं जो अगर फिल्मों में मसखरे का रोल करते तो विश्वविख्यात होते। चरणसिंह और जगजीवन राम जैसे बुजुर्ग नेता जो मनोरंजक बातें कहते हैं, वैसे कोई फिल्मी कामेडियन भी नहीं कहता। लोग इन्तजार करते हैं कि आज बाबू जी और चौधरी साहब क्या बोलते हैं। पाठकों को इस मनोरंजन से वंचित कैसे कर सकते हैं! मुसीबत छोटे शहरों से क्षेत्रीय अखबार निकालने वालों की है। स्थानीय विदूषक नेता तो सम्पादकों को हर कहीं सड़क पर मिल जाते हैं और शिकायत करते हैं—हमारा समाचार नहीं छापा आपने! इनसे कोई पत्रकार कैसे बचे!

साधो, यह बात सही है कि भारतीय आदमी राजनीति की सबसे कम समझ रखकर भी राजनीति में सबसे अधिक दिलचस्पी लेता है। अमेरिका, फ्रांस, रूस के लोग राजनीति में इतनी दिलचस्पी नहीं लेते। मगर भारतीय पाठकों को अखबार खोलते ही राजनीति चाहिए। मगर राजनीति की समझ गौ माता, गंगाजल, मस्जिद, मन्दिर, गुरुद्वारे से बनती है। सैद्धान्तिक राजनीति बहुत कम लोग समझते और अपनाते हैं। ज्यादा लोग नेताओं की देशव्यापी नाटक मंडली के अभिनय में दिलचस्पी लेते हैं।

साधो, मेरे सामने दो अच्छे स्तर के क्षेत्रीय पत्र पड़े हैं। एक में पहले पृष्ठ पर ज्ञानी जैलसिंह, इन्दिरा गांधी और यासेर अराफत हैं। लम्बा समाचार मुख्यमंत्री की पदयात्रा का है। बाकी नेहरू की जन्मतिथि के आयोजनों के समाचार हैं। ये समाचार

भीतर के पृष्ठों पर भरे पड़े हैं। ये मौके होते हैं—गांधी जयन्ती, नेहरू जयन्ती। जब छोटे-छोटे बौड़म नेता, जिनका विश्वास दोनों में नहीं है, दोनों को अच्छे आचरण का सार्वजनिक सर्टिफिकेट देते हैं। कहते हैं—हमें गांधी और नेहरू के बताए मार्ग पर चलना चाहिए। यानी दूसरे लोग चलें। हम इस मार्ग पर नहीं चल सकते क्योंकि हमारे एक पाँव में स्वार्थ का और दूसरे में बेईमानी का काँटा गड़ा है। इन नेताओं के सुभाषित छपेंगे ही, वरना ये परेशान कर देंगे।

साधो, एक पृष्ठ क्रिकेट को समर्पित है। कहीं-न-कहीं टेस्ट मैच होते ही रहते हैं। कपिलदेव और गावस्कर वगैरह भारतीय क्रिकेट के लिए बहुत जरूरी हैं। इधर नई दिलचस्पी पैदा हुई—फिल्म अभिनेत्रियों का क्रिकेट खिलाड़ियों के पीछे भागना। कभी सबसे दिलचस्प समाचार होता था—जीनत अमान का इमरान खाँ के पीछे भागना। बस, शादी होने ही वाली है। अब जहीर अब्बास के पीछे रीना राय पड़ी हुई है। यह जान-बूझकर प्रचार के लिए होता है। ढलती सेकंड ग्रेड अभिनेत्रियाँ अपने बारे में खुद इन प्रेम-कांडों की खबर फैलाती हैं।

साधो, इसके बाद पाठक को चाहिए—बलात्कार, अपहरण, प्रेमी से मिलकर पति की हत्या, अपराध ही क्यों! बड़े आदमियों की कलंक-कथा भी चाहिए। इनके बिना पाठक का मन नहीं भरता। सवेरे किसी स्त्री के बलात्कार का रसीला विवरण पढ़ लें तो दिन-भर आदमी दफ्तर में मन लगाकर काम करता है। यह रुचि किसने पैदा की? अखबारों ने पहले अपराधों के प्रति, खासकर यौन अपराधों के प्रति रुचि पैदा की। धीरे-धीरे यह पाठकों की जरूरत हो गई और अखबार की मजबूरी! यह परस्पर क्रिया-प्रक्रिया है। अब हालत यह है कि कोई अखबार अगर अपराध खासकर यौन अपराध के चटकीले समाचार न दे तो उसकी ग्राहक संख्या घटती जाएगी। धन्धा चौपट हो जाएगा। अब हाल यह है कि सिर्फ अपराध की पत्रिकाएँ निकलती हैं और लाखों बिकती हैं। फौजदारी वकीलों की केस-फाइलों से कई लोकप्रिय लेखक हो गए हैं और खूब कमाते हैं।

साधो, फिर जरूरी है राशि-फल। भविष्य। अखबार बिकने के लिए भविष्य फल ज्योतिषी द्वारा बनाया गया जरूरी है। यह सब झूठा होता है। यह अवैज्ञानिक है। मगर ज्योतिषी कह दें कि तुम्हें शनि लगा है तो वह आदमी घबराहट में गलतियाँ करके खुद ही शनि लगा लेगा और जिन्दगी खराब कर लेगा।

साधो, अब बताओ, भाभा अणु अनुसंधान केन्द्र में क्या हो रहा है, इससे किसी को क्या मतलब? विज्ञान से, संस्कृति से क्या मतलब? मगर हालत इतनी खराब है नहीं। मेरे पास के अखबार में ही अन्तरिक्ष विज्ञान पर लेख है। सांस्कृतिक उत्सव का भी विवरण है।

[28 नवम्बर, 1983]

बारूद पर बैठकर माला पहनना

साधो, एक बड़ा हास्यास्पद नहीं, खेदजनक दृश्य है। इससे मन में बड़ी खीज उठती है। दृश्य यह है—कोई सुरंग बिछा रहे हैं और कोई शोभायात्रा निकाल रहे हैं। भारतीय जनता पार्टी, संघ, चरणसिंह, तमाम प्रतिक्रियावादी 'एकात्मता यज्ञ' तथा चर्बी के प्रचार से सुरंग बिछा रहे हैं, जिसके विस्फोट से इन्दिरा जी की कांग्रेसी सरकार के पुर्जे उड़ जाएँ। मगर कांग्रेसी नासमझी, गैरजिम्मेदारी, भ्रम और आलस्य के रोग से पीड़ित होकर, जगह-जगह शोभा-यात्राएँ निकलवा रहे हैं, हाथ जोड़कर, नमस्ते ग्रहण कर रहे हैं, फूल मालाएँ पहनकर आत्ममुग्ध होकर, मुस्करा रहे हैं। बूढ़े ही नहीं, जवान कांग्रेसी भी आत्म-छलना का यह सतही नाटक कर रहे हैं। उन्हें यह तनिक भी बोध नहीं है कि सुरंग बिछ रही है, बारूद तैयार है। माचिस लगेगी, विस्फोट होंगे और इनके धुर्रे उड़ जाएँगे। कहाँ रहेगी यह माला? यह मुस्कान? यह जय-जयकार? तब 'हाहाकार' करेंगे। साधो, ये इस स्थिति को

अपनी अकर्मण्यता, कायरता और मूर्खता से प्राप्त हों, इसमें हमें एतराज नहीं। यह उनकी अपनी इच्छा है। चिन्ता की बात यह है कि ये देश को हाहाकार की स्थिति में पहुँचा रहे हैं।

साधो, गाँव-गाँव में प्रचार हो रहा है कि यह कांग्रेस की सरकार हिन्दुओं को वनस्पति में गाय की चर्बी और मुसलमानों को सुअर की चर्बी खिला रही है। इसके साथ ही साम्प्रदायिकता का जहर फैला रही है। तनाव पैदा कर रही है। जेट युग में रथ दिखा रही है। सरकारी जाँच कहती है कि वनस्पति में चर्बी नहीं मिलाई जाती। विशेषज्ञ वैज्ञानिक कहते हैं कि वनस्पति में चर्बी मिल ही नहीं सकती। इसके बावजूद चर्बी का प्रचार चल रहा है। गरीब और मध्यम वर्ग की मुसीबत हो रही है। यह सब क्यों हो रहा है ? यह दंगे कराने के लिए हो रहा है। देश का विघटन करने के लिए हो रहा है। यह कांग्रेसी और उसकी सरकार की मिट्टी पलीद करने के लिए हो रहा है। मगर कांग्रेसी इस प्रचार की काट नहीं करते। शहरों, कस्बों में दाँत निपोरते हुए शोभा-यात्रा निकाल रहे हैं। उन्हें खबर नहीं है कि उनकी शोभा पर डामल पोता जा रहा है।

साधो, कांग्रेस में जाते ही जवान भी बूढ़ा हो जाता है। वह भी बूढ़े कांग्रेसी की तरह हाथ जोड़ते हुए, हें-हें करते हुए, मुस्कराते हुए माला पहनकर घूमना चालू कर देता है। देश की, भीतर की और अन्तर्राष्ट्रीय राजनीति उसे समझ में नहीं आती। उसे समझ में आता है—इन्दिरा गांधी की जय बोलने से सत्ता मिलती है। वह देख चुका है कि इससे अब सत्ता नहीं मिलती। आन्ध्र, कर्नाटक और काश्मीर में इन्दिरा गांधी की जय बोलने के बाद भी सत्ता नहीं मिली। अब जनता में जाना होगा। काम करना होगा। लोगों को समझाना होगा। शिक्षित करना होगा। उन्हें दुष्प्रचार के प्रभाव से बचाना होगा। इसमें मेहनत लगती है। समझ लगती है। निष्ठा लगती है। मगर हाल यह है कि भरी जवानी वाला युवक कांग्रेसी भी यह काम नहीं करेगा। किलकारी मारने वाले बच्चे से कह दो कि तू कांग्रेसी है तो वह कहेगा—मुझे माला पहनाओ और मेरी जय बोलो। मेरी फोटो अखबार में छपाओ।

साधो, यह देश अन्तर्राष्ट्रीय षड्यंत्र में फँस गया है। ईरान हाथ से निकलने के बाद अमेरिका ने पाकिस्तान को हथियारों का भंडार बना दिया है। ये हथियार अफगानिस्तान के खिलाफ काम आने के बहाने से दिए जा रहे हैं। मगर हम जानते हैं, ये हथियार भारत पर हमले के लिए दिए जा रहे हैं। जब प्रधानमंत्री या दूसरे समझदार देशभक्त यह बात कहते हैं तो भारत में अमेरिका और पाकिस्तान के समर्थक भारत माता के कुछ सपूत नेताओं को खास जगह मिर्ची लग जाती है। क्यों लग जाती है इन्हें मिर्ची ? क्या इनकी राष्ट्रभक्ति का यह तकाजा है कि इनके राष्ट्र पर हमले की तैयारी जब अमेरिका पाकिस्तान से करवाए, तब ये बुरा न मानें ? तो

ये किस भारत माता के सपूत हैं ? वह भारत माता क्या अमेरिका में है जिसका दूध इन्होंने पिया है ? यही 'एकात्मता यज्ञ' करते हैं, यही साम्प्रदायिकता फैलाते हैं, यही चर्बी का प्रचार करते हैं, यही असम में गड़बड़ी चालू रखे हैं। डाक्टर सुब्रह्मण्यम स्वामी और उनके साथ के लोग भी इस देश की सारी नीतियाँ बदल देना चाहते हैं।

साधो, अमेरिकी षड्यंत्र यह है कि उत्तेजना पैदा करके पाकिस्तान से भारत पर हमला करवाया जाए। काश्मीर पर पाकिस्तान का कब्जा करवा दिया जाए। युद्धबन्दी हो। इन्दिरा गांधी और कांग्रेस इस देश में उखड़ जाएँ। तब भारतीय जनता पार्टी के नेतृत्व में दक्षिणपन्थी सरकार बने। यह सरकार पाकिस्तान से मित्रता करे और अमेरिका के आधिपत्य में यह भारत-पाक मोर्चा, रूस के विरोध में बने। यानी भारत की स्वाधीनता खत्म। स्वतंत्र विदेश नीति खत्म। स्वतंत्र आर्थिक विकास खत्म। यानी भारत फिर से गुलाम देश बन जाए। यह योजना है। इस योजना के समर्थक 'देशभक्त' इस देश में बहुत हैं। इन्दिरा गांधी सही कहती हैं कि देश में पाकिस्तान के बहुत से वकील हैं। ये मुसलमान नहीं हैं, दक्षिणपन्थी प्रतिक्रियावादी हिन्दू नेता हैं।

साधो, इस अन्तर्राष्ट्रीय षड्यंत्र का मुकाबला इन्दिरा गांधी बड़ी ताकत और सूझ-बूझ से कर रही हैं। दृढ़तापूर्वक उन्होंने हर चाल को अभी तक नाकाम किया है। इसीलिए बहुगुणा, चन्द्रजीत यादव वगैरह तथा दोनों कम्यूनिस्ट पार्टियों ने समर्थन दिया है। हर देशभक्त इस मामले में इन्दिरा गांधी का समर्थन करेगा। अब तुम हिसाब लगाओ कि राष्ट्रीय स्वाधीनता के इस अहम मामले में भी कौन अमेरिका और पाकिस्तान की तरफ से बोलते हैं। कौन साम्प्रदायिकता और क्षेत्रीयता उभार कर संकट के समय देश की एकता को नष्ट कर रहे हैं। और यह भी देखो कि कौन नेता चुप बैठे हैं। बोलते ही नहीं! न उन्हें दिखता, न सुनाई देता। वे तटस्थ हैं, जैसे आइसलैंड के निवासी हैं। उनका यह मौन भी अमेरिका-पाकिस्तान के षड्यंत्र का समर्थन करता है। इनकी देशभक्ति के सामने बड़ा भारी प्रश्नचिह्न लगा है।

साधो, ऐसे वक्त जब कांग्रेसमैन को, खासकर युवकों को, कस्बे-कस्बे, गाँव-गाँव जाना चाहिए। शहरों के मुहल्ले-मुहल्ले में जाना चाहिए, लोगों को समझाना चाहिए, उन्हें सचेत करना चाहिए, तब ये अकर्मण्य लोग अपनी शोभायात्रा निकाल रहे हैं, और फोटो छपा रहे हैं। बंगलों की राजनीति के दिन गए। इन्हें हिम्मत करके जनता में जाना चाहिए। काफी आराम हो गया। अब थोड़ी सड़क-गली की खाक छानना चाहिए। साधो, मगर ये अपनी बात नहीं सुनेंगे। न सुनें, लेकिन कहते जाना हमारा कर्तव्य है। इसे हम करते जाएँगे, ये बारूद पर बैठे माला पहनें।

[5 दिसम्बर, 1983]

कामनवेल्थी भाईचारा

साधो, एक खर्चीला जलसा और खत्म हुआ। इसे 'कामनवेल्थ' का जलसा कहते हैं। ब्रिटिश साम्राज्य दूसरे महायुद्ध के बाद खत्म हुआ, तो इसके उपनिवेश स्वाधीन हो गए। इन देशों में जिनका शोषण अंग्रेजी साम्राज्यवाद ने किया था, ब्रिटेन के रिश्ते कैसे हों, यह सवाल था। ब्रिटिश कामनवेल्थ संगठन पहले भी था, पर इसमें वे देश थे जिनमें अंग्रेज जाकर बस गए थे। गांधीजी कहते थे कि हमारा विरोध साम्राज्यवाद से है, अंग्रेजों से नहीं। अंग्रेज तो हमारे भाई हैं। एक तो गांधी जी की यह नैतिकता। दूसरे, दूरदर्शी जवाहरलाल नेहरू की यह समझ कि ब्रिटेन से किसी तरह का सम्बन्ध बनाए रखने में हमें आधुनिक तकनीक सुभीते से मिलेगी। व्यापार में ब्रिटेन हमें विशेष रियायत देगा और दिलाएगा। नव-स्वतंत्र देशों में आर्थिक सहयोग होगा। ये एकत्र होकर साम्राज्य-विरोध में और शान्ति के पक्ष में एक ताकत बनेंगे। तो नेहरू ने कहा—'ब्रिटेन' हटा दिया जाए,

सिर्फ कामनवेल्थ रहे। इसमें ब्रिटिश साम्राज्य से मुक्त हुए देश बराबरी की हैसियत से ब्रिटेन के साथ शामिल हों। अंग्रेजों ने कहा—मगर हमारी रानी का क्या होगा? नेहरू ने कहा—रहने दो तुम्हारी रानी को बाइज्जत। नेहरू के ध्यान में यह भी था कि पाकिस्तान पहले ही ब्रिटिश कामनवेल्थ में शामिल होने को राजी है और वह खुराफात करेगा।

साधो, यह नेहरू का सपना था। अच्छा था। मगर हुआ कुछ नहीं। ब्रिटेन क्या मदद करता, जबकि वह फ्रांस, जर्मनी के सामने कई साल हाथ जोड़े खड़ा रहा कि हमें 'यूरोपीय साझा बाजार' और 'यूरोपीय आर्थिक समुदाय' में शामिल कर लो। बड़ी बेइज्जती के बाद उसे यूरोप में शामिल किया गया। तकनीक यूरोप के देश बेचते हैं। ब्रिटेन भी बेचता है। तुम्हारी हैसियत है, तो तकनीक खरीद लो। हम बेचते हैं, तुम भी खरीद लो। पूँजी चाहिए? हाँ, हम तुम्हारे देश में पूँजी लगाते हैं, मगर मुनाफा हम पूरा लेंगे। जहाँ तक तुम्हारा माल खरीदने का सवाल है, उसे खरीदकर हम अपने उद्योग को नुकसान नहीं पहुँचाएँगे। हम इसके मामले में 'प्रोटेक्शनिज्म' की नीति पर चलेंगे। हथियार चाहिए? तो हमारे कारखाने के हथियार खरीद लो। मगर बिना लड़ाई के हथियार किस काम के? तो आपस में लड़ो। नहीं लड़ोगे, तो हम तुम्हें आपस में लड़वाएँगे क्योंकि हमें हथियार बेचना है। साधो, ये औद्योगिक देश जो हथियार बनाते हैं, उनका अस्सी फीसदी ये गरीब विकासशील देश खरीदते हैं। कामनवेल्थ के देश आपस में लड़ते हैं। अफ्रीका के कई देशों में हमेशा गृह युद्ध होता रहता है। जहाँ तक स्वाधीनता का सवाल है—एक छोटे से फाकलैंड द्वीप ने स्वतंत्र होना चाहा, तो ब्रिटेन ने फौजी समुद्री बेड़ा भेजकर उसे कुचल दिया। जहाँ तक विश्व-शान्ति का सवाल है, मैडम थैचर ब्रिटेन में नई अमेरिकी पर्शिंग मिसाइल की अगवानी करके दिल्ली प्रेम बरसाने आई थीं।

साधो, सब झूठ है। राष्ट्रकुल का भाईचारा झूठ है। परस्पर सहयोग की बात झूठ है। स्वाधीनता की बात झूठ है। शान्ति की शक्ति होने की बात झूठ है। मगर झूठ एक बार चल जाए, तो उसे खूबसूरती से निभाते जाते हैं। इसीलिए हर दो साल में कामनवेल्थ के नेता कहीं इकट्ठे होते हैं। मीठी बातें करते हैं। तू मेरा भाई है। नहीं, तू मेरा भाई है। ऐसा करते हैं। तुम महान हो। तुम भी महान हो। तुम्हारी बढ़िया संस्कृति है। तुम्हारी भी महान संस्कृति है। हम तुम्हारी उन्नति चाहते हैं। हम भी तुम्हारी उन्नति चाहते हैं। हम तो सबका भला चाहते हैं। हम भी सबका भला चाहते हैं। सब माया है। चार दिन की जिन्दगी है। इससे पुण्य कर लो। भगवान में लौ लगाओ। अच्छा-अच्छा खाना खाओ। सैर-सपाटा करो। पिकनिक हो जाए। नाच देखो। गाना सुनो। और जिस देश ने हमें खिलाया-पिलाया, सैर-

सपाटा कराया, नाच दिखाए, उसके बारे में कहा—हम आपकी उन्नति देखकर चमत्कृत हैं। आप बहुत महान हैं। चलो, घर चलें। साधो, कई छोटे-छोटे देशों के प्रधान इस नाटक में आए थे। एक देश की तो कुल आबादी ही साठ हजार है। साठ हजार की आबादी में म्यूनिसिपल कमेटी बनती है। परन्तु इस देश का राष्ट्राध्यक्ष आया। पता नहीं तैरकर आया, या डोंगी से। बेचारे ने चन्दे से नया सूट सिलवाया होगा।

साधो, मामला ग्रेनाडा का था गम्भीर। यह पहले ब्रिटिश उपनिवेश था। अब स्वाधीन है, पर पतले धागे से ब्रिटेन से जुड़ा है। इसमें वामपन्थी सरकार थी। इसकी आबादी कुल सवा लाख। मगर अमेरिका ने इसे अपने लिए खतरा माना और नंगा हमला कर दिया। अभी अमेरिकी सेना उस पर कब्जा किए है। इसको सब गलत मानते हैं। मगर मार्गरेट थैचर तथा दूसरे कुछ राष्ट्राध्यक्ष कहने लगे—भई, अमेरिका का नाम मत लो। कुछ ऐसा प्रस्ताव बनाओ कि ग्रेनाडा से विदेशी फौजें हट जाएँ। ईश्वर भी निराकार है। हम तो निराकार भगवान के उपासक हैं। अमेरिका का नाम मत लो। तो ऐसा निराकार प्रस्ताव पास हो गया। ठीक इसी वक्त अमेरिका शासन की तरफ से घोषणा की गई—हम निकारागुआ पर हमला कर सकते हैं। वहाँ मार्क्सवादी सरकार है और हम अपने पड़ोस में ऐसी सरकार नहीं रहने देंगे। एक जूता चला वाशिंगटन से और सारे एशिया-अफ्रीका के गैर गोरे राष्ट्राध्यक्षों के मुँह पर लगा। अमेरिका ने कहा—ऐसी-तैसी तुम्हारे प्रस्ताव की। ऐसी-तैसी तुम्हारे राष्ट्रमंडल की। ऐसी-तैसी गुटनिरपेक्ष संगठन की। ऐसी-तैसी विश्वशान्ति के प्रस्तावों की। माई फुट!

साधो, सबसे बड़ी चिन्ता थी इस सम्मेलन में भी विश्व शान्ति की, परमाणु युद्ध रोकने की। दोनों महाशक्तियों में समझौते की। मगर जब अमेरिका कहता है कि कहीं सरकार होगी तो हमारी पसन्द की होगी, जनता की पसन्द की नहीं। हमें जो सरकार नापसन्द है, उसे हम हमला करके गिरा देंगे। यह क्या शान्ति की भाषा है? और ऐसी भाषा बोलने वाले से कोई बातचीत क्या हो सकती है?

साधो, यूरोप की जनता तो अब समझ गई है कि ये जो नई मिसाइलें, अमेरिका हमारे यहाँ लगा रहा है, ये हमारे नाश के लिए हैं। इनमें से एक भी अगर अमेरिका ने रूस पर छोड़ी तो दो मिनट में रूसी मिसाइलें हमारे ऊपर बरस जाएँगी। सारे यूरोप में लाखों की रैलियाँ निकल रही हैं, संसद घेरी जा रही है, धरने दिए जा रहे हैं, ब्रिटेन में स्त्रियाँ एक दूसरे का हाथ पकड़े चौबीसों घंटे घेराव करती खड़ी हैं—मगर उनकी सरकारों ने इन मिसाइलों को लगवाना चालू कर दिया है।

साधो, इसीलिए रूस जेनेवा शान्तिवार्ता से हट गया। यह क्या बदमाशी है! तुम हमसे बात कर रहे हो, हथियार घटाने की मगर उधर नए हथियार लगा भी रहे

हो। रूसी रक्षामंत्री ने घोषणा कर दी—अब हम अमेरिका के बिल्कुल पास मिसाइलें लगवाएँगे। वाशिंगटन बच नहीं सकता। दूसरी बात—हम फौजी ताकत में किसी को अपने से सवाया नहीं होने देंगे।

साधो, रामफल खुश थे कि नमीबिया की आजादी पर अच्छा प्रस्ताव पास हो गया। अब रामफल सिर पीटें। अमेरिकी शासन के प्रवक्ता ने कह दिया है कि नमीबिया को आजाद नहीं किया जा सकता क्योंकि अंगोला में क्यूबा के सैनिक हैं। नमीबिया में दक्षिण अफ्रीका रहेगा। गो टु हैल!

[12 दिसम्बर, 1983]

ब्रेन-ड्रेन की चिन्ता नहीं जी!

साधो, एक संयुक्त शब्द है—'ब्रेन-ड्रेन'। कहते हैं—भारत से बहुत ब्रेन-ड्रेन हो रहा है। इसे रोकना चाहिए। प्रधानमंत्री तथा दूसरे नेता भी ब्रेन-ड्रेन पर चिन्ता प्रकट करते हैं। ब्रेन का अर्थ दिमाग होता है। बहुत से दिमागी लोग अपना दिमाग लेकर दूसरे देशों में चले जाते हैं। यह 'ब्रेन-ड्रेन' कहलाता है। इसमें चिन्ता की बात यह है कि इन दिमागों का उपयोग देश के भले के लिए नहीं होता। मगर साधो, मेरा दुखी मन आशा से भर गया जब पिछले महीने राष्ट्रपति ज्ञानी जैलसिंह ने एक भाषण में कहा—'ब्रेन-ड्रेन' की कोई चिन्ता नहीं करनी चाहिए। भारत में बहुत ब्रेन हैं।

साधो, वैसे तो हमें यों ही बेफिक्र होना चाहिए कि हमारे राष्ट्रपति 'ज्ञानी' से विभूषित हैं। फिर पंजाब में अनगिनत 'ज्ञानी' और 'सन्त' हैं। तो कितना भी दिमाग विदेश चला जाए, यहाँ कमी होगी नहीं। समुद्र भरा है ज्ञान का। इतने 'ज्ञानी' हैं। मगर साधो, कारपोरेशन और नगरपालिका के सफाई विभाग में 'ड्रेन' का मतलब

जरा गन्दा होता है। ड्रेन का सम्बन्ध 'गटर' से होता है। तो चिन्ता कुल इतनी है कि सैकड़ों ज्ञानियों का ज्ञान तो हो, मगर वह नगरपालिका का 'ड्रेन' यानी 'गटर' का न हो जाए। जो कुछ हो गया है, उसी के नतीजे बहुत डरावने हैं। राष्ट्रपति जी का वश चलता हो तो 'ज्ञानियों' और सन्तों के 'ब्रेन' को और ज्यादा 'ड्रेन' बनने से रोकें।

अब साधो, इस पर विचार कर लें कि 'ब्रेन-ड्रेन' होता कैसे है ! आम शिकायत है कि हमारा दो-तीन लाख रुपया एक डॉक्टर या एक इंजीनियर बनाने में लग जाता है। मगर बहुत से डॉक्टर और इंजीनियर विदेश चले जाते हैं और दूसरे देशों को भारत के पैसे से बनाए ये लोग मुफ्त में मिल जाते हैं। मगर साधो, यह भी तो देखो कि कितने इंजीनियर तथा डॉक्टर बेकारी से पीड़ित हैं। एक विकासशील देश में इंजीनियर बेकार हों और गरीबी के कारण बीमारियों से जो देश ग्रस्त हो, उसमें इंजीनियर और डॉक्टर बेकार रहें, यह बात समझ में नहीं आती। एक तरफ हल्ला होता है कि चिकित्सा-सुविधाएँ बहुत कम हैं और दूसरी तरफ डॉक्टर बेकार घूमते हैं। एक पिन जो बनती है, उसका उपयोग तय है कि वह कागज नत्थी करने के काम आएगी। पर एक इंजीनियर जो बनाया जाता है, उसका क्या उपयोग होगा, यह तय नहीं होता। तो मौका मिलते ही ये लोग विदेश चले जाते हैं।

साधो, जो नौकरी में लगे हैं, वे भी चले जाते हैं। ये दो तरफ जाते हैं—जिन्हें पैसा कमाना है, वे तीन-चार साल के लिए तेल देशों को चले जाते हैं। वहाँ बहुत पैसा मिलता है। लौटकर ये दो-तीन लाख का मकान बना लेते हैं और बैंक में पैसा डाल देते हैं। ऐसा डॉक्टर ज्यादा करते हैं। दूसरी तरह के लोग यूरोप या अमेरिका जाते हैं। यहाँ ज्यादा पैसा नहीं मिलता। वहाँ बेइज्जती भी होती है। फिर ये यूरोप तथा अमेरिका क्यों जाते हैं ? इनकी हीनता की भावना इन्हें वहाँ ले जाती है। गोरी जाति ने हम पर राज किया। हम गोरी जाति के गुलाम रहे। हम गोरों के साम्राज्यवाद से लड़े और उन्हें यहाँ से भगाया। मगर भारतीयों का एक वर्ग गोरों को देवता मानता है, आदर्श मानता है, रहन-सहन, पोशाक में उनकी नकल करता है। ये भारतीय नहीं जानते कि सोलहवीं शताब्दी में अंग्रेज आए तब भारतीय उनसे ज्यादा सभ्य थे। यूरोप के लोग हमारी तुलना में असभ्य थे। हमारे यहाँ यूरोप से बहुत अच्छे कारीगर थे। हमारा उत्पादन यूरोप से बहुत अच्छा था। मगर आजादी के बाद भारतीयों के एक वर्ग को भारतीय होने में शर्म आने लगी। ये गोरी जाति में मिलने को मरे जाते हैं। वे इसीलिए गोरों की नौकरी करने जाते हैं, भारतीयों को असभ्य समझते हैं। बड़ी शान से कहते हैं—'आई एम इन दी स्टेट्स'। स्टेट्स यानी अमेरिका। मैं गोरे सभ्य लोगों में से हूँ और तुम काले असभ्य हिन्दुस्तानी यहीं इंडिया में पड़े हो। ये लोग सांस्कृतिक विकृतियाँ हैं।

साधो, अब इनसे बहुत ऊँचे दिमाग के वैज्ञानिकों को लो। भारतीय वैज्ञानिक यूरोप या अमेरिका क्यों चले जाते हैं। एक कारण तो यह है कि वहाँ शोध कार्य के

लिए अधिक सुविधाएँ हैं। दूसरा कारण शर्मनाक है—विश्वप्रसिद्ध इन भारतीयों को उनके अपने देश में नौकरी नहीं मिली ढंग की। यहाँ नौकरशाही का राज है। यह राज टाइपराइटर, फाइल और मैन्युअल पर चलता है। चपरासी और नोबेल पुरस्कार विजेता वैज्ञानिक में नौकरशाही कोई फर्क नहीं करती। साधो, डॉक्टर हरगोविन्द खुराना को नोबेल पुरस्कार मिला, तो जय-जयकार मच गया। अहा, हमारे भारतीय को नोबेल पुरस्कार मिला। हमारे राष्ट्रीय गौरव का पेट इतना फूलने लगा कि फूटने ही वाला था। डॉक्टर खुराना भारत आए। उन्होंने भारत में ही रहकर पढ़ाने और शोध-कार्य करने की इच्छा जाहिर की। पर इस देश में उन्हें कोई काम उनके लायक नहीं दिया गया। डॉक्टर खुराना सोचते थे कि मुझे बाइज्जत आमंत्रित किया जाएगा। वे नहीं जानते थे कि उन्हें दरख्वास्त छोटे बाबू को देना था। वह टीप के साथ उसे बड़े बाबू के सामने रखता। बड़े बाबू आगे छोटे साहब के सामने रखते। नौकरशाही है। डॉक्टर खुराना आखिर अमेरिका लौट गए।

साधो, अभी डॉक्टर चन्द्रशेखर को नोबेल पुरस्कार मिला है। वे अमेरिका में हैं। हम अपनी पीठ ठोंक रहे हैं। यही डॉक्टर चन्द्रशेखर जब आक्सफोर्ड से डिग्री लेकर आए थे, तब उन्हें कहीं 'डिमान्सट्रेटर' की नौकरी भी नहीं मिली थी। यह बहुत छोटी नौकरी होती है। हताश होकर वे अमेरिका चले गए। उन्हें अन्तर्राष्ट्रीय ख्याति मिली। सन् 1950 में जब पंडित नेहरू अमेरिका गए, तब डॉक्टर चन्द्रशेखर से उन्होंने कहा कि आप भारत लौट आइए। डॉक्टर चन्द्रशेखर राजी हो गए। इधर पंडित नेहरू ने शायद सेक्रेटरी से कह दिया कि डॉक्टर चन्द्रशेखर को बुलाना है। दुनिया भर में तरीका यह है कि विशिष्ट प्रतिभाओं को सम्मानपूर्वक आमंत्रित किया जाता है। मैं तो बहुत छोटा आदमी हूँ। पर सागर विश्वविद्यालय में मुक्तिबोध पीठ पर जाने के लिए संस्कृति विभाग ने मुझसे अनुरोध किया था। मैंने कोई प्रार्थना पत्र नहीं दिया था।

साधो, उधर डॉक्टर चन्द्रशेखर भारत से आमंत्रण का इन्तजार कर रहे थे। मगर इधर से उन्हें एक प्रार्थना-पत्र का फार्म भेजा गया कि इसे भरकर भेजिए। नौकरशाह यही करते हैं। डॉक्टर चन्द्रशेखर ने उसे फाड़कर फेंक दिया। साधो, लेकिन कुछ साल बाद नौकरशाही ने और कमाल किया। अपना अज्ञान दिखाया। डॉक्टर भाभा की मृत्यु के बाद उन्हें पत्र भेजा गया कि आप 'एटमिक रिसर्च इंस्टीटयूट' के संचालक हो जाइए। डॉक्टर चन्द्रशेखर ने माथा ठोंका। जवाब दिया कि आपको यह भी पता नहीं कि मेरा विषय क्या है। मैं अणु वैज्ञानिक नहीं हूँ और उस पद के लायक नहीं हूँ। यह ज्ञान है, हमारे नेताओं का और नौकरशाहों का। साधो, 'ब्रेन-ड्रेन' इन्हीं कारणों से होता है। मगर जब राष्ट्रपति जी ने कह दिया है कि देश में ब्रेन ही ब्रेन भरा पड़ा है तो हमें अब इसकी चिन्ता भी नहीं है कि देवताओं के गुरु बृहस्पति अमेरिका जाकर बस जाएँ।

[11 दिसम्बर, 1983]

दुनिया के कोतवाल की नई हरकत

साधो, अन्तर्राष्ट्रीय राजनीतिक प्रभुत्ववाद में एक नई तरकीब अमेरिका ने अभी खोजी है और उसका प्रयोग भी हो चुका है। यह तरकीब वैसी ही है, जैसी अपने यहाँ के खुर्राट शहर 'कोतवाल' काम में लाते हैं। कोई आदमी किसी मुहल्ले में है। वह कोतवाल को सलाम नहीं करता। कोतवाल के जुल्म और ज्यादती के खिलाफ रहता है। स्वतंत्र है। दूसरों को फँसाने में पुलिस की मदद नहीं करता। तो साधो, ऐसे आदमी को ठीक करने के लिए कोतवाल यह तरकीब करता है। वह मुहल्ले के चार-पाँच लोगों को बुलाता है जो पुलिस से डरते हैं। उनसे उस आदमी के बारे में रिपोर्ट लिखवाता है—वह गुंडा है, भले आदमियों से मारपीट करता है, औरतों को पकड़ता है, किसी का भी सामान छीन लेता है। लिहाजा हुजूर से दरख्वास्त है कि इस खतरनाक आदमी से हम गरीबों, कमजोरों की हिफाजत की कार्रवाई करें। खुदा हुजूर को सलामत रखे।

साधो, अब इन चार-पाँच आदमियों की शिकायत पर जो कोतवाल ने खुद कराई है, साहब उस आदमी पर जुर्म कायम करेगा। उसे हवालात में बन्द करेगा। फौजदारी मुकदमा दायर करेगा। सिपाही और हवलदार उसके घर रोज भेजकर तंग करवाएगा और आखिर उसे दबाकर रखेगा। चौबीस घंटे अपने घर में रहते हुए वह अनुभव करेगा कि मैं पुलिस हवालात में हूँ और कोतवाल मूँछों को ऐंठ रहे हैं।

साधो, भारत ने दुनिया को बहुत ज्ञान दिया—शून्य दी, दशमलव दिया, गणित दिया, रेखागणित दिया, अन्तरिक्ष विज्ञान दिया, आयुर्वेद दिया। इसके साथ ही भूत-प्रेत दिए। पिशाच दिए। हमने अपने पुलिस कोतवाल की कुशल-पद्धति भी दी। तुम जानते ही हो, दूसरे महायुद्ध के बाद से अमेरिका ने अपने को सारी दुनिया का पुलिस कोतवाल मान लिया है। इस कोतवाल का एक तरीका तो यह है, जो भारतीय है—दो को लड़ाया। फिर कोतवाल बनकर पहुँच गए—क्यों बे, क्यों लड़ते हो? दोनों को हवालात में डाल दूँगा। जिन्दगी भर जेल में सड़ोगे। निकालो दोनों पैसे। और आइन्दे हमारा हुक्म मानना वरना सालो, कूल्हे की चमड़ी उधेड़ दूँगा। ऐसे कई देश अमेरिका के निगरानी-शुदा गुंडे हैं—हालाँकि ये शरीफ मगर कमजोर देश हैं।

साधो, अपने पुलिस कोतवाल की शिक्षा के अनुसार दूसरी तरकीब अमेरिकी शासन ने अभी आजमाई। कैरीबियन में एक-सवा लाख की आबादी का द्वीप है—ग्रेनाडा। ऐसे कई द्वीप हैं छोटे-छोटे। ये स्वतंत्र देश हैं। इनमें चार-पाँच को अमेरिका ने अपने आधीन बना रखा है। ये वैसे ही देश हैं, जैसे पुलिस के बने-बनाए झूठे गवाह सरीखे हैं। जैसा हुक्म अमेरिकी मालिक दें, वैसा करेंगे। अब ग्रेनाडा में जिस पार्टी की सरकार थी, वह अमेरिका को पसन्द नहीं थी। वह पार्टी कुछ वामपन्थी है। उसका क्यूबा से सहयोग है। ग्रेनाडा में कुछ क्यूबियाई भी थे, जो सैनिक नहीं थे। डॉक्टर, इंजीनियर, प्रशिक्षक थे। पर महाशक्ति अमेरिका न जाने क्यों एक भी क्यूबाई को देख लेता है, तो डर से काँपता है। यह डर शायद 1963 में समा गया था, जब क्यूबा की सुरक्षा के लिए रूस ने वहाँ मिसाइलें और राकेट लगा दिए थे।

साधो, राष्ट्रपति रीगन को इस सरकार को गिराना था, ग्रेनाडा पर कब्जा करना था और अपनी इच्छा की सरकार बनाना था। सीधा हमला अमेरिका करना नहीं चाहता था। बदनामी होती। विरोध होता। हमलावर कहलाता। वैसे तो अमेरिकी शासक उठाईगीर गुंडे और लफंगे के रूप में इतने बदनाम हो चुके हैं कि उन्हें बदनामी की परवाह नहीं। वियतनाम, कोरिया, ईरान में पिट भी इतने चुके हैं कि अब पिटने में शर्म भी नहीं आती। मगर बहाने के लिए अमेरिका ने अपने पिछलग्गू इन देशों से अपने लिए आवेदन बुलवाए—हुजूर रीगन साहब, आप महान हैं। हम छोटे-छोटे कमजोर देश हैं। हमें ग्रेनाडा की सरकार से खतरा है। मेहरबानी करके हमारी रक्षा कीजिए। बस, इन देशों के दस-पाँच सिपाही लिये और अपनी सेना

ग्रेनाडा में उतार दी। अभी वहाँ कब्जा किए बैठे हैं। रीगन दुनिया को समझाते हैं—भई, हमें तो इन छोटे-छोटे कमजोर देशों की रक्षा के लिए ग्रेनाडा में फौज भेजनी पड़ी। वह संयुक्त सेना थी। नंगे हमले को यों उचित ठहराने की कोशिश की गई।

साधो, इस मूँछें उमेठते दुनिया के कोतवाल की हरकतें अजीब हैं। यह कहीं चोरी रोकने जाता है और खुद चोरी करने लगता है। कहीं दो गुटों में झगड़ा रोकने जाता है और एक गुट की तरफ से खुद दूसरे पर गोली दागने लगता है। अमेरिका लेबनान में चार देशों के साथ संयुक्त राष्ट्र संघ की तरफ से शान्ति स्थापना के लिए गया था। मगर वहाँ इसराइल से मिलकर खुद सीरिया पर बम बरसाने लगा।

साधो, अब जरा घर लौटो। यानी दक्षिण पूर्व एशिया में देखो। कोतवाल ने पूरे हिन्द महासागर में सैनिक जाल बिछा रखा है। मगर जो फार्मूला उसने ग्रेनाडा में लगाया, वही इस क्षेत्र में भी लगाना चाहता है। अभी नेपाल के राजा वाशिंगटन गए। उनका बड़ा स्वागत-सत्कार किया गया। अब कोतवाल की बदमाशी देखो! राष्ट्रपति रीगन ने स्वागत भोज में कहा—नेपाल एक छोटा और गरीब देश है। इसका धन विकास कार्यों में लगना चाहिए। सैनिक तैयारी में इसका सीमित धन बरबाद नहीं होना चाहिए। इसके लिए नेपाल को 'शान्ति क्षेत्र' बनाना चाहिए। वीरेन्द्र ने तो पत्रवार्ता में कहा कि हिन्द महासागर को 'शान्ति क्षेत्र' होना चाहिए। अमेरिकी अड्डे और युद्धपोत तथा रूसी युद्धपोत भी हट जाना चाहिए। मगर रीगन कहते हैं—नेपाल को शान्ति क्षेत्र बनाना चाहिए। अमेरिकी पत्रकार तो यह समझे कि नेपाल की रक्षा के लिए सेना भेजी जा रही है। एक पत्रकार ने पूछा—आपको जल सेना की भी जरूरत पड़ेगी न? तो वीरेन्द्र ने हँसकर जवाब दिया—नेपाल चारों तरफ से जमीन से घिरा है। हमारा कोई जलमार्ग नहीं है।

साधो, अब जरा दुनिया के कोतवाल की बात पर चिन्ता से गौर करो। नेपाल को 'शान्ति क्षेत्र' बनाना चाहिए। इसे शान्ति क्षेत्र कौन बनाएगा? निश्चित ही अमेरिका बनाएगा। अब पिछले पच्चीस-तीस सालों से अमेरिका कैसे शान्ति क्षेत्र बना रहा है, यह सब जानते हैं। पश्चिमी एशिया में अमेरिका ने ही तो शान्ति क्षेत्र बनाया है, जहाँ कई सालों से रोज लड़ाई हो रही है।

साधो, सवाल यह है कि नेपाल को किस देश से खतरा है? कौन उस पर हमला करने वाला है? किसके खिलाफ नेपाल को सुरक्षा चाहिए? चीन से तो अमेरिका कोई खतरा नहीं मानता क्योंकि दोनों की दोस्ती है। अभी अमेरिका ने चीन को खरबों डालर के आधुनिक हथियार देने का समझौता किया है। मगर भारत से अमेरिका नाराज है। नाराज है—भारत की विदेश नीति से, रूस से दोस्ती से, स्वाधीनता से, गुट निरपेक्ष आन्दोलन को ताकतवर बनाने से। तो अगर नेपाल को खतरा है, तो कोतवाल साहब की नजर में भारत से ही होगा।

साधो, अब भविष्य देखो। पहले भूत को देखो। ग्रेनाडा पर अमेरिका ने चार-पाँच छोटे देशों की सुरक्षा के लिए हमला किया था—ऐसा उसका तर्क है। उधर पाकिस्तान, लंका अमेरिकी खेमे में हैं। जनरल इरशाद लगभग अमेरिकी पिछलग्गू हो चुके। मलाया, सिंगापुर, थाईलैंड, जापान अमेरिकी गुट में हैं। नेपाल संतुलन रख रहा है।

तो साधो, किसी दिन अमेरिका नेपाल, लंका, पाकिस्तान वगैरह से दरख्वास्त बुला लेगा कि मालिक इस दैत्य महादेश भारत से हमें खतरा है। लिहाजा गरीबपरवर हमारी रक्षा करें।

तब साधो, दुनिया के कोतवाल आ धमकेंगे।

[29 दिसम्बर, 1983]

चरणसिंह गांधी से नाराज हैं

साधो, अब मैं इस निष्कर्ष पर पहुँच चुका हूँ कि संसार के इतिहास में कोई एक आदमी ऐसा हुआ है जो पूरी तरह सही और सत्य था, तो वह आदमी चौधरी चरणसिंह है। बाकी सब महापुरुष चिन्तक, दार्शनिक गलत थे। सारे राजनेता गलत रहे हैं और अभी भी हैं। वैदिक ऋषि, उपनिषद्कार, स्मृतिकार, शंकराचार्य, विवेकानन्द, अरविन्द आदि सब गलत थे। सुकरात से लेकर कार्ल मार्क्स तक सब गलत थे। राजनेताओं, क्रान्तिकारियों में ग्रीक पुराण के प्रोमेथियस से लेकर फिदेल कास्त्रो तक सब गलत हैं। राष्ट्रपतियों, प्रधानमंत्रियों में लिंकन, जेफरसन, डिसराइली, चर्चिल, दीगाल आदि सब गलत थे। महात्माओं में देवताओं के गुरु बृहस्पति से लेकर अब तक के सारे महात्मा गलत थे। बुद्धिवादियों में अरस्तू से लेकर बर्नाड शा, बर्ट्रेंड रसेल तक सब मूर्ख थे। सारे अर्थशास्त्री गलत हुए हैं। समाजशास्त्री भी सब गलत हुए हैं। वैज्ञानिकों में आर्यभट्ट से लेकर गेलीलियो, न्यूटन, आइंस्टीन सब

गलत। एक मात्र महापुरुष विराट मानव जाति ने कई शताब्दियों में पैदा किया है, जो ज्ञान, विज्ञान, राजनीति, दर्शन, अर्थशास्त्र में सोलहों आने सही है, और उस आदमी का नाम है—चौधरी चरणसिंह। कहा है :

मत हमको सहज समझो, फिरता है फलक बरसों
तब खाक के पर्दे से इनसान निकलता है।

साधो, इस शेर में 'इनसान' की जगह 'चरणसिंह' कर दो। शेर का अर्थ होगा—हमें आसान मत समझो। आसमान बरसों घूमता है, तब खाक के पर्दे से एक चरणसिंह निकलता है। साधो, चरणसिंह दुनिया के सारे ज्ञानियों, महात्माओं को खत्म कर चुके थे। बस, एक महात्मा है, जो उनके रास्ते में आता है और जिससे वे सख्त नाराज हैं। उसका नाम महात्मा गांधी है। पिछले कई सालों से चरणसिंह महात्मा गांधी की एक बड़ी गलती बता रहे हैं, मगर कोई आदमी उनकी बात मान नहीं रहा है। अभी आठ-दस दिन पहले चरणसिंह ने फिर बड़ी सख्ती से महात्मा गांधी पर हमला किया है कि यों तो महात्मा गांधी ठीक-ठाक थे—हालाँकि मुझसे बहुत छोटे दर्जे के महात्मा थे। पर उन्होंने सबसे बड़ी भूल यह की कि जवाहरलाल नेहरू को प्रधानमंत्री बनाया। नेहरू की गलती वे यह बताते हैं कि उन्होंने अर्थसत्ता का केन्द्रीकरण करके देश का बहुत नुकसान किया।

अब साधो, महात्मा सब बातें साफ-साफ विस्तार से तो बताता नहीं है। वह कूट वाक्य बोलता है, जिसकी व्याख्या करनी पड़ती है और उसे समझना पड़ता है। कबीरदास ने तो उलटबाँसी कह दी—जल बिच मीन पियासी, मोहि देखत आवे हाँसी। अब इसकी व्याख्या करके अर्थ समझना कठिन कार्य है। अर्थसत्ता के केन्द्रीकरण और विकेन्द्रीकरण पर बहुत विवाद अर्थशास्त्रियों में है और एक सन्तुलन की खोज की जा रही है। मगर चरणसिंह का गूढ़ अर्थ यह है कि नेहरू ने देश को आधुनिक बनाने का सूत्रपात किया और समाजवादी उद्देश्य से योजना बनाना शुरू किया। चौधरी चरणसिंह का विश्वास है कि देश को अठारहवीं शताब्दी में लौटाना था, जिसमें सामन्ती व्यवस्था होती। बड़े-बड़े जमींदार और भूमिपति होते जिनके खेतों पर गुलाम काम करते। कोई वाजिब मजदूरी माँगने की बदतमीजी करता, तो उसे कोड़े लगवाए जाते। मगर जवाहरलाल नेहरू ने जमींदारी खत्म की और वे सहकारी खेती के पक्षधर थे। चरणसिंह कोई योजना वगैरह नहीं चाहते थे। पूँजीवाद पनपे और गरीब और गरीब होकर मरता जाए। नेहरू इसलिए चौधरी जी को नापसन्द हैं। फिर अगर सरदार पटेल को प्रधानमंत्री गांधी जी बना देते, तो उनकी मृत्यु 1952 में उनकी किस्मत में लिखी ही थी। सरदार पटेल की मृत्यु के बाद 1952 में ही चरणसिंह प्रधानमंत्री बन जाते और अभी तक वही हमारे भाग्यविधाता रहते। गांधी जी ने हमें इस सौभाग्य से वंचित कर दिया। तीसरी बात

यह कि गांधी जी जानते थे कि इन्दिरा गांधी जवाहरलाल की बेटी है। जिस आदमी की बेटी इन्दिरा हो, उसे कदापि प्रधानमंत्री नहीं बनाना था। गांधी जी ने यह भूल की जिसका नतीजा यह हुआ कि इन्दिरा गांधी प्रधानमंत्री हो गईं। इससे चौधरी जी जैसे कई सन्तों को जितनी तकलीफ हुई और हो रही है, उससे गांधी जी की आत्मा को शान्ति नहीं मिल रही होगी। साधो, मैं सोचता हूँ कि महात्मा गांधी के प्रति चौधरी साहब के गुस्से को कैसे खत्म किया जाए। एक तरकीब है—एटनबरो की फिल्म 'गांधी' में एक दृश्य जोड़ दिया जाए। इस दृश्य में चरणसिंह गांधी जी की पीठ पर पीछे से लाठी मारकर यह कहते हुए भाग जाएँ—तू जवाहरलाल को प्रधानमंत्री बनाने की सजा भोग। यह दृश्य फिल्म में आ जाए तो चौधरी जी महात्मा गांधी को माफ कर दें।

साधो, जहाँ तक चौधरी चरणसिंह का सवाल है, वे पूर्ण महात्मा हैं, जैसे कृष्ण सोलह कलाओं से पूर्ण भगवान का अवतार थे। राम सिर्फ बारह कलाओं के अपूर्ण अवतार थे क्योंकि वे मर्यादाएँ मानते थे। चौधरी जी सोलह कलाबाजियों से पूर्ण राजनीतिक अवतार हैं। वे कोई मर्यादा नहीं मानते और जब जो भी करते हैं, सही करते हैं। वे तीन और दो का जोड़ पाँच करते हैं, तब भी सही है। और तीन और दो का जोड़ सात करते हैं, तब भी सही है। वे 1967 में कांग्रेस से निकले और और संविद सरकार बनाई तब भी सही थे। और फिर वापस कांग्रेस में लौट गए, तब भी सही थे। फिर कांग्रेस छोड़ी तब भी सही थे। और दुबारा इन्दिरा गांधी के चरण छूकर कांग्रेसी हुए तब भी सही थे। फिर कांग्रेस छोड़ी और 'क्रान्तिदल' बनाया, तब भी सही थे। वे मर्यादा से नहीं बँधते। सिद्धान्त मनुष्य को गुलाम बनाता है, इसलिए वे सिद्धान्त नहीं मानते। फिर 'लोकदल' बनाया, तब भी सही थे। फिर 'सम्पूर्ण क्रान्ति' में शमिल थे, तब भी सही थे। 1977 में 'जनता पार्टी' में और सरकार में शामिल हुए, तब भी सही थे। फिर जनता पार्टी तोड़ी, तब भी सही थे। तब राष्ट्रीय स्वयंसेवक संघ से विरोध था, तब भी सही थे। आजकल राष्ट्रीय स्वयंसेवक संघ की गोद में बच्चे की तरह बैठे हैं, तब भी सही हैं। 1979 में इन्दिरा गांधी के हाथ जोड़कर समर्थन लेकर प्रधानमंत्री बने, तब भी सही थे। एक दिन भी प्रधानमंत्री के रूप में संसद को दर्शन नहीं दिए, यह भी सही किया। लोकदल तोड़ा, यह भी सही किया। किसी जाट को नेता नहीं होने दिया, यह भी सही किया।

साधो, अब जो 'भारतीय जनता पार्टी' के साथ संयुक्त मोर्चा बनाकर बैठे हैं, वह भी सही कर रहे हैं। राष्ट्रीय स्वयंसेवक संघ को अब अच्छा कहते हैं, यह भी सही कर रहे हैं। वे शायद नहीं जानते कि संघरूपी मगरमच्छ के जबड़ों में अभी वे हैं। वे छिटककर कभी भी बाहर चले जाएँगे, तो भी सही करेंगे। और अगर

मगरमच्छ के पेट में चले जाएँगे तो भी सही करेंगे। चौधरी चरणसिंह कभी गलती नहीं करते। गलती तो महात्मा गांधी वगैरह करते रहते हैं। चरणसिंह इतिहास के सबसे बड़े सत्तालोलुप और दल–बदलू हैं। उनका कोई भरोसा नहीं करता। शायद बीवी और बेटा–बेटी भी भरोसा नहीं करते होंगे।

साधो, इस राजनीतिक 'सत्यनारायण' की यह कथा सुनकर तुम पूछोगे—गुरु, जड़ बुद्धि और ज्ञानी में क्या अन्तर है? क्षुद्र और महान में क्या अन्तर है? देखो; बहुत बारीक अन्तर है। मगर कोई समझा नहीं सकता।

[3 जनवरी, 1984]

जनरल जिया का पेकिंग में कत्थक

साधो, खबर दिलचस्प है। पाकिस्तान से लड़कियों का एक दल चीन जा रहा है। इसमें गायिकाएँ और नर्तकियाँ भी हैं। इससे पहले चीनी लड़कियों का एक दल पाकिस्तान आया था और उन्होंने नृत्य किया था। अब जिया उल हक के इस्लाम के सामने सवाल था कि ये लड़कियाँ चीन में नाचें या नहीं? इस्लाम के नाम पर पाकिस्तान में गाना, बजाना, नाचना बन्द है। नूरजहाँ जब भारत आई थीं, तब उस पर बन्दिश थी कि वह यहाँ गाएगी नहीं। तीस–पैंतीस साल पहले के नूरजहाँ के गीत भारतीयों को याद थे, खासकर उसकी कव्वालियों में एक है :

आहें न भरी शिकवे न किए, कुछ भी न जबां से काम लिया
तिस पर भी मुहब्बत छिप न सकी, जब तेरा किसी ने नाम लिया
हम दिल को पकड़कर बैठ गए, हाथों से कलेजा थाम लिया

साधो, इस्लाम में संगीत का निषेध है। मगर जब मुल्ला अजान देता है, तो उसमें लय होती है। यह संगीत है। धर्म के नियम और तानाशाहों के कानून स्वाभाविक

मानवीय प्रवृत्तियों को रोक नहीं सकते। बांग्लादेश और पाकिस्तान दोनों में मजहब के नाम पर औरतों पर बन्दिशें लगी हैं। उन्हें बुर्के में ढँकी रहना होता है। ऊपर से चादर से अपने को बन्द रखना पड़ता है। रवीन्द्रनाथ ने उन्हें 'चलती-फिरती कब्रें' कहा था। मगर तानाशाहों की बदकिस्मती देखो, वे कितने हास्यास्पद हैं। दोनों देशों में लोकतंत्र की बहाली के आन्दोलनों का नेतृत्व औरतें ही कर रही हैं—इधर नुसरत व बेनजीर भुट्टो तथा बेगम वली खाँ और उधर शेख हसीना वाजेद और बेगम खालिदा रहमान। जिन स्त्रियों को चलती-फिरती कब्रें बनाकर रखना चाहते हैं, वही औरतें मजहब की माला फेरने वाले तानाशाहों की मूँछें नोंच रही हैं। मगर जिया उल हक लड़कियों को गाने नहीं देंगे, नाचने नहीं देंगे, खेलने नहीं देंगे।

साधो, धर्म के नियम तत्कालीन परिस्थितियों के हिसाब से बनते हैं। पैगम्बर मोहम्मद के जमाने में कबीलों में लड़ाई होती रहती थी। हारे हुए कबीले की औरतें लाकर जीतने वाले घरों में डाल देते थे। एक-एक की पच्चीस-तीस बीवियाँ होती थीं। इसे मिटाने के लिए पैगम्बर ने तीन बीवियों का नियम बनाया। कहा यह जाता है कि मुसलमानों को तीन-चार बीवियाँ रखने का सुभीता है। घर में चार बीवियाँ सुभीता है कि मुसीबत? संगीत, नृत्य पर प्रतिबन्ध विलासिता को रोकने के लिए लगाया गया। तब मक्का व्यापार का बहुत बड़ा केन्द्र था, और खूब विलासी जीवन था। इसे रोकने के लिए ये बन्दिशें लगाई गईं। मगर अब बीसवीं शताब्दी है, यह छठी शताब्दी नहीं है। मगर तानाशाह और शाह जनता को छठी शताब्दी में रखकर, मजहब के नाम पर उन्हें गुलाम बनाकर रखना चाहते हैं।

साधो, धर्मों की कल्पनाएँ विचित्र हैं। जो चीजें मनुष्य के लिए इस लोक में वर्जित हैं, वे सब स्वर्ग में धर्मात्मा आदमी को मिलती हैं। यहाँ स्त्री को देखना पाप है, मगर स्वर्ग में अप्सराएँ सप्लाई होती हैं। इस्लाम की कल्पना में भी जन्नत में हूरें (अप्सराएँ) खूब मिलती हैं। स्वर्ग और जन्नत में शराब के तालाब भरे होते हैं। जितनी चाहो पीओ। मगर आदमी के लिए यहाँ स्त्री-भोग और शराब पीना पाप है। साधो, चाणक्य ने राजा के लिए नीति बनाई है कि वह निष्कंटक राज करने के लिए प्रजा में अन्धविश्वास और अज्ञान का प्रचार करे। इसी नीति पर ये शाह, राजा और तानाशाह चलते हैं। अन्धविश्वास और अज्ञान फैलाने का सबसे अच्छा जरिया धर्म का उन्माद है। उधर पाकिस्तान में इस्लाम, तो इधर भारत में हिन्दू धर्म और इस्लाम दोनों का उन्माद अन्धविश्वासी और अज्ञानी बनाता है।

साधो, बात मैंने उठाई थी पाकिस्तान की गायिका और नर्तकी लड़कियों के चीन जाने की मगर बात करने लगा मजहब की। खैर, थोड़ी बात और हो जाए। अमानवीय और अप्राकृतिक बन्धनों के खिलाफ डटकर विद्रोह हुआ। तवायफों ने गाने और नाचने की बन्दिश तोड़ दी। दरबारों में तवायफें नाचने-गाने लगीं। उनके

कोठों पर गाने-नाचने का आनन्द लेने बड़े-बड़े लोग जाने लगे। मौलवी भी छिपकर जाने लगे। और सुनने लगे दादरा :

नजरिया की मारी मरी मेरी गुँइयाँ!

फिर बन्दिशें तोड़ी शायरों ने। मुसलमानों में, शेख, वाइज, जाहिद धर्म के पहरेदार होते हैं। ये बड़े पवित्रतावादी होते हैं। धार्मिक ओहदे वाले होते हैं। उनकी काफी दुर्गति उर्दू शायरी में है, जो फारसी से आई है :

वाइज शराब पीने दे मसजिद में बैठकर
या वो जगह बता कि जहाँ पर खुदा न हो।

और : *लुत्फे मय तुझसे क्या कहूँ जाहिद*
कम्बख्त तूने पी ही नहीं।

और गालिब ने तो कमाल ही कर दिया! कहते हैं :

कहाँ मयखाने का दरवाजा कहाँ वाइज
इतना जानते हैं, वो जाता था कि हम निकले।

यानी कहाँ शराबखाने का दरवाजा और कहाँ वाइज, धर्मोपदेशक। तौबा-तौबा! बस, हम इतना जानते हैं कि हम पीकर निकले तो वह घुस रहा था।

अब साधो, आओ पाकिस्तानी लड़कियों के चीन जाने की बात पर। चीनी लड़कियाँ पाकिस्तान में नाचने गई हैं। अब ये पाकिस्तानी लड़कियाँ चीन जा रही हैं। वहाँ इनसे नृत्य के लिए कहा जाएगा। अगर ये कहें कि हमें नाचने की मनाही है, क्योंकि नृत्य संगीत अनैतिक है, तो चीनी शासक कहेंगे—अच्छा, यह जिया अपने को हमसे बड़ा मानता है। गोया हमारी संस्कृति नहीं है, इन उठाईगीरों की संस्कृति है। हमारी लड़कियाँ इस्लामाबाद में नाचें और इसकी लड़कियाँ हमारे पेकिंग में न नाचें। तो अब जनरल जिया धर्मसंकट में पड़ गए। अमेरिका और चीन की ताकतवर धुरी के बीच में पाकिस्तान बटेर के बराबर है। अगर चीनी नेता कहें कि हम जिया उल हक का नाच देखेंगे, तो जिया को पेकिंग जाकर खुद बन्दर की तरह नाच दिखाना होगा।

तो साधो, जिया हुजूर ने लड़कियों को 'कत्थक' नाचने की मंजूरी दे दी है। मगर 'कत्थक' आया कहाँ से? इस पीढ़ी के सारे कत्थक नर्तक बिरजू महाराज के चेले हैं। कत्थक भारतीय उपमहाद्वीप की सम्मिलित कला-परम्परा है। यह भारत, बांग्लादेश, पाकिस्तान तीनों की संस्कृति है। इस संस्कृति से जिया उल हक पिंड छुड़ा नहीं सकते। पाकिस्तान में कत्थक और भरत-नाट्यम ही नाचा जाएगा। और पाकिस्तानी गायक वही राग-रागिनियाँ गाएगा जो हजारों सालों से गाई जा रही हैं। जिया उल हक नए संगीत का आविष्कार नहीं कर सकते, यह बदकिस्मती है। तो पाकिस्तानी गायक वही बोल गाता है—बता दो कोई कौन गली गए श्याम!

[8 जनवरी, 1984]

उपचुनावों में चर्बी निकल गई

साधो, सबसे पहले हम शोक प्रकट करें। चौदह उपचुनाव हो गए। इनमें कुछ लोग चर्बी में राजनीति के पकौड़े तल रहे थे कि कड़ाही उलट गई और तलने वालों के हाथों में फफोले उठ आए, चेहरे पर छींटे पड़े तो दाग पड़ गए। चारों कोनों से चक्रवर्ती बनने के लिए जो अश्वमेध यज्ञ के घोड़े छोड़े गए थे, वे भाग गए। रथों के पहिए टूट गए। गंगाजल झूठा निकला। शायद रास्ते में नलों या पोखरों से भरा जाता होगा। साधो, गाँव-गाँव, कस्बा-कस्बा, शहर के मुहल्ला-मुहल्ला संघ वाले 'चर्बी-चर्बी' चिल्लाते घूम रहे थे, धर्म नष्ट करने का आरोप लगा रहे थे। हिन्दू अल्पसंख्यक हो रहे हैं—यह नारा लगा रहे थे। जैसे अटलबिहारी वगैरह तीस-चालीस करोड़ नए हिन्दू पैदा कर देंगे। मगर सब बेकार गया। लोकदल को तो दो सीटें मिल भी गईं। भारतीय जनता पार्टी को एक भी नहीं। अब उबली हुई चर्बी के

शरीर पर लगने से जो फफोले उठ आए हैं, उनकी मरहम पट्टी करनी पड़ेगी। सारे साम्प्रदायिक प्रचार के बाद भी दंगा कहीं नहीं हुआ। बीच में दुष्ट डॉक्टर सुब्रह्मण्यम स्वामी ने बयान दे दिया कि एक भूतपूर्व केन्द्रीय मंत्री, जो चर्बी कांड में अनशन पर बैठे थे, को मैंने खुद गाय का मांस खाते देखा। एक दिन के अनशन पर दो भूतपूर्व मंत्री बैठे—चरणसिंह और अटलबिहारी वाजपेयी।

साधो, जिस पार्टी पर यानी कांग्रेस पर चर्बी खिलाने का आरोप था, वह चौदह में से नौ सीटें ले गई। धर्म के रक्षक चर्बी प्रचारक को एक भी सीट नहीं मिली। और गजब यह हुआ कि लोकसभा की एक सीट कम्यूनिस्ट पार्टी को मिल गई। धर्म का नाश हो गया। अधर्मी जीत गए। अब भगवान को अवतार लेने के लिए आमंत्रित करना चाहिए। मगर गांधीजी जनता को 'जनार्दन' कहते थे। यह जनता जनार्दन प्रचार से बेवकूफ नहीं बनी। इसका साधुओं को बड़ा दुःख है। जनता चलते-फिरते आगे बढ़ गई है आम लोकतांत्रिक सड़क से। ये दक्षिणपन्थी नेता सत्ता तक पहुँचने के लिए पगडंडियों की तलाश में बियाबान जंगल में भटके हुए वहीं-वहीं चक्कर काट रहे हैं। पाँव काँटों से छलनी हो गए हैं, लहूलुहान हैं। जिस जनता को बेवकूफ बनाना चाहते हैं, उसने सिद्ध कर दिया कि ये नेता बेवकूफ भी हैं और हास्यास्पद भी।

साधो, अब क्या होगा? यानी आगामी आम चुनाव के लिए क्या नया बनाव बनेगा? मोर्चे टूटेंगे, नए गठबन्धन होंगे, महागठबन्धन भी बनेगा। साधो, फिर आवाज उठ रही है—विपक्ष की एकता कायम करो। यही नारा सन् 1977 में दिया गया था। साधो, भारतीय राजनीति में 'विपक्ष' है ही नहीं। यह वैकल्पिक विपक्ष उन लोकतंत्रों में होता है, जहाँ दो दलों की राजनीति है। यह ब्रिटेन में है, जर्मनी में है, अमेरिका में है। इन दलों के बुनियादी सिद्धान्त होते हैं, कार्यक्रम होते हैं, नियमित सदस्यता होती है। ये दल-बदल नहीं करते। भारत में विपक्ष तब होता जब कांग्रेस से अधिक वामपन्थी एक बड़ी पार्टी होती। पर यहाँ सिद्धान्त और कार्यक्रम के आधार पर दोनों कम्यूनिस्ट पार्टियाँ हैं। ये मिलकर भी ऐसा कारगर विपक्ष नहीं बना सकतीं, जो केन्द्र में कांग्रेस का विकल्प बन सके। ये ऐसी पार्टियाँ हैं जो कांग्रेस का अन्धा विरोध नहीं करतीं। कुछ मामलों में समर्थन करती हैं, कुछ में विरोध। इनके सदस्य हैं। श्रमिक और किसान संगठन हैं। मजबूत यूनियनें हैं। ये ऐसा नहीं करते कि आज चरणसिंह के साथ हो जाओ, कल अटलबिहारी के, परसों चन्द्रशेखर के। ये विदेश नीति, गुटनिरपेक्षता, राष्ट्रीय एकता, सम्प्रदाय-विरोध, लोकतंत्र की रक्षा, साम्राज्यवाद विरोध, समाजवादी देशों से मित्रता आदि में कांग्रेस सरकार का समर्थन करती हैं। घरेलू नीतियों में विशेषकर आर्थिक नीतियों पर विरोध करती हैं।

साधो, बाकी नेता दक्षिणपन्थी हैं जो या तो अकेले हैं या गिरोहों में हैं। इनके सिद्धान्त और कार्यक्रम क्या हैं ? एक ही कार्यक्रम है—इन्दिरा हटाओ। चरणसिंह—इन्दिरा हटाओ। चन्द्रशेखर—इन्दिरा हटाओ। जार्ज फर्नांडिस—इन्दिरा हटाओ। इनकी पार्टी निश्चित नहीं है। समाजवादी अभी-अभी तक लोकदल में थे, अब जनता पार्टी में हैं। महागठबन्धन हुआ तो भारतीय जनता पार्टी के साथ हो जाएँगे। इनकी पार्टियाँ हैं ही नहीं। इनके सदस्य कोई नहीं हैं। जगजीवनराम से कोई पूछे कि आपकी पार्टी में कितने सदस्य हैं, तो वे क्या बताएँगे। न चौधरी बता सकते, न चन्द्रशेखर। ये सब नेता एक हो जाएँ, तो संसदीय राजनीति की भाषा में 'विपक्ष' नहीं कहलाएँगे। वास्तव में भारत में 'विपक्ष' है ही नहीं।

साधो, इन दक्षिणपन्थियों का एक ही कार्यक्रम है—हर बात पर इन्दिरा गांधी का विरोध। असम-समस्या इन्दिरा गांधी हल कर रही हों तो नहीं होने देना। पंजाब की समस्या को हल नहीं करने देना। इन्दिरा गांधी कहें—दो और दो चार, तो ये कहेंगे—नहीं, दो और दो पाँच।

साधो, इन दक्षिणपन्थियों के इस रवैये के बारे में नम्बूदरीपाद ने क्या कहा है, बताता हूँ। तुम जानते हो कि सबसे ज्यादा विरोध इन्दिरा गांधी से नम्बूदरीपाद का रहा है। 1958 में इन्दिरा गांधी ने नम्बूदरीपाद की केरल सरकार गिराई है। मार्क्सवादी कम्यूनिस्ट पार्टी, जिसके नम्बूदरीपाद महासचिव हैं, इन्दिरा गांधी को शत्रु नम्बर एक मानते आए हैं। मगर वे मार्क्सवादी हैं। देशी और अन्तर्राष्ट्रीय वास्तविकताओं के सन्दर्भ में नीति तय करते हैं। न अन्धे हैं, न मूढ़। तो नम्बूदरीपाद ने महीने भर पहले कहा है—दक्षिणपन्थी दल जो अपनी बन्दूक हमेशा इन्दिरा गांधी की तरफ ताने रहते हैं, गलती करते हैं। इन्दिरा गांधी साम्राज्यवाद के खिलाफ संघर्ष कर रही हैं। ये लोग उनका अन्धा विरोध करके एक तरह से साम्राज्यवाद का समर्थन करते हैं।

साधो, अब बताओ तुम कि अमेरिकी साम्राज्यवाद का समर्थन करने वाले क्या राष्ट्रभक्त हो सकते हैं ? सब जानते हैं कि अमेरिकी साम्राज्यवाद राष्ट्रों की स्वाधीनता छीनता है। भारत उसका निशाना है। भारत चारों तरफ से घेर लिया गया है। लंका में अमेरिकी अड्डा बन रहा है। दियेगोगर्शिया में आणविक मिसाइलें लगा दी गई हैं। पाकिस्तान को हथियारों से भरे दे रहा है। बांग्लादेश और नेपाल को खिलाफ कर रहा है। इस सबका विरोध दोनों कम्यूनिस्ट पार्टियाँ कर रही हैं और इन्दिरा सरकार का समर्थन कर रही हैं। मगर इन्दिरा गांधी जब कहती है कि भारत को गम्भीर खतरा बाहर से है तब दक्षिणपन्थी नेता कहते हैं—झूठा प्रोपेगंडा करती है। वोट बटोरने के लिए ऐसा कहती है।

साधो, इन नेताओं में से एक ने भी विरोध में बयान नहीं दिया है कि पाकिस्तान को हथियारों से लैस क्यों कर रहे हो, हमारे आसपास सैनिक अड्डे क्यों बना रहे

हो, नई मिसाइलें पाकिस्तान में क्यों लगाना चाहते हो। किसी ने विरोध में बयान नहीं दिया। अटक से कटक और काश्मीर से कन्याकुमारी तक अखंड भारत के दीवाने भी कुछ नहीं बोलते। तो साधो, सवाल उठता है कि ये किसके पक्ष में हैं—भारत के पक्ष में या अमेरिका-पाकिस्तान के पक्ष में? किसी ने यह सच कहा है कि पाकिस्तान में जनरल जिया के जितने समर्थक हैं, उनसे अधिक ये लोग भारत में हैं।

[10 जनवरी, 1984]

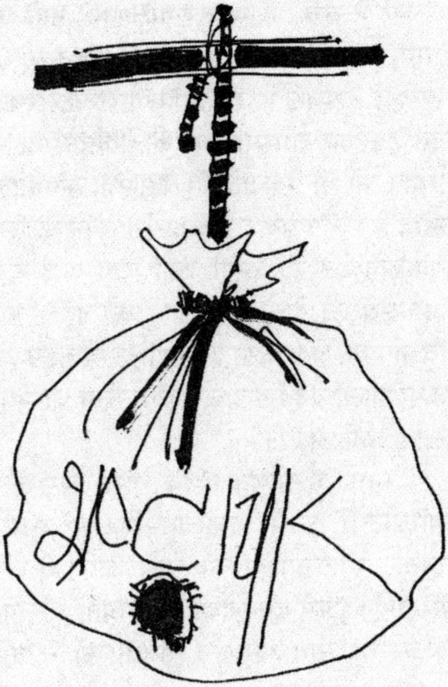

भ्रष्टाचार पर फाँसी

साधो, रूस में आयात-निर्यात विभाग के दो बड़े अधिकारियों को भ्रष्टाचार के अपराध में प्राणदंड दे दिया गया। यह समाचार रूस की सरकारी संवाद समिति ने ही दिया है। इस समाचार से भारत में कुछ हलकों में आनन्द-ही-आनन्द है। ये अधिकारी मामूली नहीं, अपने यहाँ के सचिव स्तर के होंगे। इन्होंने पैसा खाया होगा और उन्हें मौत की सजा हो गई। समाजवाद-विरोधी कहते हैं—क्या फायदा समाजवाद से ? अरे, जो यहाँ होता है, वही वहाँ होता है। वहाँ भी तो भ्रष्टाचार है।

साधो, खाने में मशहूर सरकारी विभागों के लोगों में भी प्रतिक्रिया है। कल एक लोककर्म विभाग के अधिकारी कह रहे थे—इन रूसियों को पैसा खाना भी नहीं आता। अरे, पैसा अकेले नहीं खाया जाता। पैसे खाने का काम शृंखलाबद्ध होता है। नीचे से सबसे ऊपर तक का खाता है। अकेला कोई खाने लगे, तो पकड़ा जाएगा। हम लोग तो पैसा खाने में मशहूर हैं। हम योजनाओं का सीमेंट और लोहा काला

बाजार में बेचते हैं मगर कभी पकड़े नहीं जाते। हम ठेकेदारों से पैसे खाते हैं। झूठे 'मास्टर रोल' भरते हैं। अकाल-राहत कार्य का पैसा खा जाते हैं। पर क्या अकेले खाते हैं ? सबसे पहले तो हम भ्रष्टाचार पकड़ने वाले विभाग के अफसरों को खिला देते हैं। फिर चपरासी, क्लर्क से लेकर ऊपर वालों तक को खिलाते हैं। विभाग के प्रधान को भी खिलाते हैं। वह मंत्री को खिलाता है। हम भगवान तक को खिलाकर खाते हैं। कौन पकड़ सकता है ! नमूने के लिए कभी कोई चपरासी, क्लर्क, नाकेदार पकड़वा देते हैं। हमारे यहाँ बड़ा कोई नहीं पकड़ा जाता। और इन रूसी उल्लू अफसरों को देखो। बड़े बाबू को नहीं खिलाया होगा, तो उसने चुपचाप खुफिया विभाग को बता दिया होगा। फिर जब इन अफसरों को भनक पड़ गई थी, तो फौरन ऊपर वालों को खिलाकर ढाँक लेना था मगर ये रूसी होते हैं कमअक्ल। इन्हें पैसा खाना नहीं आता।

साधो, मैं सोचता हूँ कि भारत-रूस के बीच सांस्कृतिक आदान-प्रदान के कई समझौते हैं, उनमें 'भ्रष्टाचार-शिक्षण' की योजना भी होनी चाहिए। हमारे यहाँ के उस्ताद भ्रष्टाचारियों को भेजा जाए। वे वहाँ हर महकमे में भ्रष्टाचार के तरीके सिखाएँ। इससे दोनों देशों की मित्रता और गहरी होगी। भारत विश्व का गुरु है। कई प्रकार का ज्ञान भारत ने दुनिया को दिया है। हमारे यहाँ का मामूली असिस्टेंट इंजीनियर भ्रष्टाचार की इतनी विद्या जानता है कि पूरे रूस को सिखा सकता है। साधो, एक-दो भ्रष्टाचार पारंगतों ने मुझसे कहा—कुछ भी कहो, सजा बहुत ज्यादा है। सीधे फाँसी। अरे, साल-दो साल की सजा हो। खाया हुआ पैसा पत्नी के नाम से जमा कर दे। जेल से लौटकर धन्धा कर ले और जिन्दगी चैन से काटे। मैंने कहा—तो आप लोग कुछ करो। भ्रष्टाचारी महासंघ की तरफ से रूस की सरकार से अपील करो कि वह सजा कम करे। न्याय-व्यवस्था में परिवर्तन करे। मगर हमारे यहाँ के सर्वोच्च न्यायाधीश और न्यायविद् सोवियत न्याय-व्यवस्था के प्रशंसक हैं। भूतपूर्व सर्वोच्च न्यायालय के प्रधान न्यायाधीश गजेन्द्र गड़कर तो बहुत प्रभावित थे। उन्होंने शायद कोई किताब भी लिखी है। रिटायर्ड न्यायमूर्ति कृष्ण अय्यर तो सोवियत न्याय-व्यवस्था के अनुसार भारतीय न्याय-प्रक्रिया में परिवर्तन के सबसे बड़े समर्थक हैं। न्यायमूर्ति देसाई ने एक जगह भाषण में कहा था कि रूस में केस छह महीने में खत्म हो जाता है, जबकि अपने देश में केस छह महीने में शुरू ही नहीं होता। साधो, न्यायविदों को कहने दो। हमें भाईचारे के नाते कुछ करना चाहिए। जैसे अन्तर्राष्ट्रीय सर्वहारावाद है, विश्व हिन्दू परिषद है, विश्व इस्लामिक संगठन है, वैसे ही भ्रष्टाचार का भी अन्तर्राष्ट्रीयतावाद है। इसी भाईचारे के हिसाब से जापान के प्रधानमंत्री तनाका ने अमेरिका की लाकहीड कम्पनी से घूस खाई थी। इस भाईचारे के नाते भारतीय भ्रष्टाचारी संघ को रूसी सरकार से सजा कम करवाना चाहिए। यह अपने

भले के लिए भी जरूरी है। अपने देश में भी समाजवाद तो आना ही है। तब यदि घूस होने पर फाँसी होने लगी, तो अपने ही 'सदाचारी' मारे जाएँगे।

साधो, इस मामले को लेकर पूँजीवादी और समाजवाद विरोधी रूस और समाजवाद के खिलाफ प्रचार कर रहे हैं। उनका कहना है कि रूस में खूब भ्रष्टाचार है। साधो, रूस वाले यह कभी दावा नहीं करते कि वहाँ अपराध होते ही नहीं। होते हैं। मगर किस तरह के और कितने? अपराध व्यवस्था के अनुसार होते हैं। रूस में प्राइवेट प्रॉपर्टी, प्राइवेट उद्योग और व्यापार नहीं हैं, ठेकेदारी नहीं है, जमींदारी नहीं है। यानी आर्थिक कारणों से जो अपराध होते हैं, वे कारण ही नहीं हैं। फिर भ्रष्टाचार का एक बड़ा कारण असुरक्षा है जिससे सुरक्षा का साधन सिर्फ पैसा माना जाता है, तो लोग घूस लेते हैं, चोरी करते हैं। रूस में जन्म से मृत्यु तक सामाजिक सुरक्षा संविधान के अनुसार है। बेकारी नहीं है। फिर पीढ़ी-दर-पीढ़ी समाजवादी सिद्धान्तों की शिक्षा दी जाती है, संस्कार बनाए जाते हैं। इसलिए अपराध की मानसिकता ही नहीं है।

साधो, पैसा इकट्ठा करने की उपयोगिता भी नहीं है। उस पैसे से प्राइवेट धन्धा कर नहीं सकते। प्रॉपर्टी खरीद नहीं सकते। शेयर खरीद नहीं सकते। बैंक में डालो तो पकड़ लिया जाएगा कि इस वेतन वाले का इतना बैंक बैलेन्स कैसे हो गया। यह तो कह नहीं सकते कि हमें दहेज में मिला। मगर पैसे से खूब मौज-मजा कोई करने लगे, तो मुहल्ला कमेटी रिपोर्ट कर देगी कि ये साहब हैसियत से बहुत ज्यादा खर्च कर रहे हैं। उनकी जाँच शुरू हो जाएगी।

इस तरह साधो, व्यवस्था ऐसी है और चौकसी इतनी है, तथा वैचारिक शिक्षण ऐसा है कि रूसी समाज में अपराध की सम्भावना न्यूनतम है। न्यूनतम इसलिए कह रहा हूँ कि आखिर वे मनुष्य हैं। कोई अपराध कर भी बैठता है, मगर यह अपवाद होता है। आम तथ्य यह है कि अपराध नहीं होते, न उनकी ओर प्रवृत्ति होती। पर अगर किसी को पड़ोसी की बीवी पसन्द आ जाए, तो इसमें कार्ल मार्क्स क्या करें! पति और प्रेमी एक-दूसरे के सिर फोड़ेंगे और सजा पाएँगे। रूसी साहित्य में और पत्र-पत्रिकाओं में पढ़ने को मिलता है कि जल्दी गैस कनेक्शन देने के लिए पाँच रुबल ले लिये, सहकारी फार्म के ट्रक पर सवारियाँ बिठा लीं, सहकारी दुकान से अच्छे जूते पहले ही अपने वालों को दे दिए। ये अपवाद होते हैं। रूसी पत्रों में अपने देश के भ्रष्टाचार पर व्यंग्य लेख छपते हैं।

साधो, बात यह है—हमारे देश में भ्रष्टाचार को आम मान लिया है, वह जीवन-मूल्य बन गया है और ईमानदारी अपवाद है। रूस में सदाचार आम है, वह मान्य जीवन-मूल्य है, और बेईमानी अपवाद है। यह मूल फर्क है—हमारे यहाँ ईमानदारी अपवाद है, यहाँ बेईमानी अपवाद है। जिन दो बड़े अफसरों को भ्रष्टाचार

के कारण दंड हुआ, वे अपवाद हैं। हमारे यहाँ भ्रष्टाचारी अपवाद नहीं, आम है। रूस में सजा कठोर होती है, जिससे लोग अपराध करते डरें। हमारे यहाँ भ्रष्टाचारी पकड़े ही नहीं जाते। कोई पकड़ भी लिया गया, तो वह खिला-पिलाकर छूट जाता है। हमारे यहाँ तो सरकारी नौकरी में सदाचारी आदमी ही सजा भोगता है। उसे तंग किया जाता है, बार-बार बुरी जगह तबादले होते हैं, क्योंकि वह इस पवित्र 'धर्मचक्र' में शामिल नहीं होता। यह फर्क है।

[22 जनवरी, 1984]

राष्ट्रीय एकता समिति भी हो गई!

साधो, अलग-अलग जब बहुत डाके पड़ने लगते हैं, तब तमाम डाकू गिरोहों की मीटिंग बुलाई जाती है। इस बात पर विचार करने के लिए कि डाकेजनी कैसे बन्द हो। इसमें हर डाकू कहता है—सब मनुष्य एक ही भगवान के बनाए हुए हैं। सब भाई-भाई हैं। एक भाई के घर में दूसरा भाई डाका क्यों डाले? एक भाई को अपना धन ले जाकर दूसरे भाई के घर में डालना चाहिए। इससे प्रेम बढ़ेगा। हम भारत माता के सपूत हैं। हमें इस माता के दूध की लाज रखनी चाहिए। सत्य, अहिंसा, निर्लोभ और दया को ग्रहण करना चाहिए। सब इन उत्तम विचारों से सहमत होते हैं। मगर हर डाकू आगे की योजना बनाता है और पुलिस मुठभेड़ से डरता रहता है। सब सन्तुष्ट होकर लौटते हैं कि मीटिंग हो गई है, तो डाकू समस्या हल हो गई।

साधो, जब कुछ करते नहीं बनता, कोई समस्या हल नहीं होती, जिम्मेदार लोग विवश हो जाते हैं, तब आवाजें उठती हैं—मीटिंग बुलाओ! हालत खराब

होती जा रही है—मीटिंग बुलाओ! तो चार साल बाद राष्ट्रीय एकता परिषद की मीटिंग दिल्ली में बुलाई गई और वह सफल रही। सफल इसलिए रही कि जो अरस्तू ने कहा था, तुलसीदास ने कहा था, विवेकानन्द ने कहा था, गांधी जी ने कहा था, वह एक बार फिर कहा गया। मानव सभ्यता के आदिकाल में जो कहा जाता था, वह जनवरी, 1984 में भी कहा गया कि सब मनुष्य भाई-भाई हैं। कहा गया है कि इस मीटिंग में एक सकारात्मक निष्कर्ष यह निकला कि सबने अल्पसंख्यकों, स्त्रियों और नीची जातियों पर हिंसा का निषेध किया। अगर इस मीटिंग में यह आम सहमति हुई तो बताएँ कि पहले किन मीटिंगों में यह निष्कर्ष निकला था—अल्पसंख्यकों, स्त्रियों और नीची जातियों पर हिंसा होनी चाहिए! हर मीटिंग में तो अहिंसा पर सहमति होती है। मगर हर मीटिंग के बाद हरिजन जिन्दा जलाए जाते हैं, दंगे होते हैं, अल्पसंख्यक मारे जाते हैं, बहुओं को तेल डालकर आग लगा दी जाती है। असहमत कोई नहीं होता, मगर अभय भी नहीं करता।

साधो, आगे चुनाव है। जितने खुर्राट राजनेता वहाँ मीटिंग में बैठे पवित्र बातें कर रहे थे, वे सब चुनाव में जातिवाद, साम्प्रदायिक, भाषावाद, क्षेत्रीयता, नफरत, हिंसा का उपयोग करके वोट बटोरेंगे। इनके राष्ट्रीय एकता पर सहमत होने से क्या होता है! साधो, इस मीटिंग में न बाला साहब देवरस थे, न सन्त लोंगोवाल और न सन्त भिंडरावाले, न असम के नेता। इनकी सहमति के बिना एकता के निष्कर्ष का क्या मतलब रहा? इन्दिरा जी ने 'इंडियननेस' पर बहुत जोर दिया, भारतीयता पर। मगर देवरस जी की भारतीयता अलग है और लोगोंवाल की अलग। कौन-सी भारतीयता इस देश में चलेगी? इसके साथ 'अभारतीयता' के नारे भी तो उठते हैं, पूर्वोत्तर से और पश्चिमोत्तर से। इनमें कौन-सी चलेगी? भारतीयता पर सहमति, क्षेत्रीयता की निन्दा, धर्म और पथ निरपेक्ष राष्ट्रीयता, अलगाववाद की अस्वीकृति—इन सब पर मीठी-मीठी एकता हुई मीटिंग में। मगर 27 जनवरी से शुरू होने वाले अकाली 'धर्मयुद्ध' के नए दौर को रोकने की कोई गारंटी नहीं मिली।

साधो, त्रिपुरा के मुख्यमंत्री नृपेन चक्रवर्ती ने कहा कि साम्राज्यवादी शक्तियाँ बेहिसाब धन खर्च करके पूर्वोत्तर क्षेत्र में पृथकतावादी गतिविधियाँ चला रही हैं और इनसे कुछ देशी शक्तियाँ भी सहयोग कर रही हैं। यह सही है। मगर उन देशी शक्तियों के नेता वहीं मीटिंग में बैठे थे।

उनके नाम भी बताए जा सकते हैं। कौन-कौन देशभक्तों को इस देश को कई खंडों में तोड़ने के लिए विदेशी पैसा मिलता है, ये सब आपस में जानते हैं। मगर ये ठाठ से राष्ट्रीय एकता की मीटिंग में बैठते हैं। किसी एक क्षेत्र में नहीं, सारे देश में विदेशी धन के नाले बह रहे हैं और देशभक्त घड़े भर रहे हैं।

साधो, इस राष्ट्रीय एकता परिषद की इस मीटिंग की सबसे बड़ी चिन्ता राष्ट्रीय एकता नहीं थी।

सबसे बड़ी चिन्ता थी कि राज्यों की गैर-कांग्रेसी सरकारें कांग्रेस और इन्दिरा जी न गिराएँ। इन्हें पूरे पाँच साल काम करने दिया जाए। वहाँ रामकृष्ण हेगड़े भी थे, जो यही कह रहे थे कि गैर-कांग्रेसी सरकारें न गिराई जाएँ। यही रामकृष्ण हेगड़े और बगल में बैठे लाल कृष्ण आडवानी 1977 में जनता पार्टी के सचिव थे, जब छह राज्यों की कांग्रेसी सरकारें एक साथ गिरा दी गई थीं।

साधो, राजनीति में दुहरी नैतिकता लागू करते किसी को शर्म नहीं आती। अब एक-सी नैतिकता पर शर्म आती है। कर्नाटक में कैसा मजा आ रहा है! अभी एक विधायक की पत्नी ने बयान दिया है कि मेरा अपहरण करके फिर मुझ पर दबाव डालकर मुझसे झूठी रिपोर्ट कराई गई कि मेरे विधायक पति का अपहरण किया गया है। कल ये देवी बयान दे देंगी कि यह जो बयान मैंने दिया है, वह मुझसे धमकी देकर दिला दिया गया है। तीसरे दिन फिर बयान देंगी कि पिछला बयान मेरा अपहरण करके मुझसे दिलवाया गया था। यह लोकतंत्र है कि नौटंकी?

साधो, हम तो यह मानते हैं कि चुनी हुई कोई सरकार न गिराई जाए। राज्य में आपातस्थिति बन गई हो, तभी कोई सरकार गिराई जाए। मगर नजारा बड़े मजे का है। ये सारी पार्टियाँ और गुट रोज कहते हैं—इन्दिरा सरकार को हटाओ। ये इन्दिरा सरकार को हटाने के लिए गठबन्धन भी कर रहे हैं। मगर इन्दिरा गांधी से कहते हैं—हमारी राज्य सरकार को आप मत गिराना!

बहरहाल साधो, राष्ट्रीय एकता समिति की बैठक हो गई तो राष्ट्र की एकता की चिन्ता तो अब रही नहीं। अब राष्ट्र को तोड़कर भी चुनाव जीतने की तैयारी करो।

[29 जनवरी, 1984]

मूर्तिचोरी और जुलूस

साधो, मैं एक साधु के साथ बात कर रहा था। साधु कह रहा था—देखो, दाल नौ रुपए किलो हो गई। महँगाई बढ़ती जा रही है। पहले लोग सन्तोष से कह देते थे—भैया, हमें बहुत नहीं चाहिए। हम तो रोटी दाल में जिन्दगी चला लेंगे। मगर अब कोई यह भी नहीं कह सकता। रोटी-दाल कम से कम है जो आदमी चाहता है। मगर नौ-दस रुपए किलो दाल हो तो रोटी-दाल से भी नहीं काट सकता। लोग रोटी-प्याज के एक गट्टे के साथ खा लेते हैं। पर प्याज का भी भाव देखो। नमक रोटी से काटना पड़ेगा। मगर आगे चलकर रोटी भी मयस्सर नहीं हुई तो नमक से तो कटेगी नहीं।

साधो, तभी सुबह के अखबार में मन्दसौर का समाचार पढ़ा और हम रोटी, दाल, प्याज, नमक सब भूल गए। समाचार यह है—'शहर में गायित्री की मूर्ति का सिर काटकर कोई ले गया था। शहर में तनाव। बाजार बन्द। कोतवाली पर लोगों ने

हमला कर दिया। छात्रों ने जुलूस निकाल दिया। लोग बेहद उत्तेजित हैं।

साधो, जब भी हम जिन्दगी की किसी गम्भीर समस्या पर ध्यान देते हैं, सोचते हैं, तभी ऐसा कुछ हो जाता है और हम उस घटना में उलझ जाते हैं। मुझे याद है, एक दिन एक साधु से बात हो रही थी। वह कह रहा था—छात्रों, युवकों के बार-बार उपद्रव करने के ठोस कारण हैं। सबसे बड़ा कारण बेकारी है। नौकरी पक्की हो तो ये सब मन लगाकर पढ़ेंगे। फिर व्यवस्था के सम्पूर्ण भ्रष्ट जीवन-मूल्यों से इन्होंने भी मूल्य सीखे हैं। एक कारण है—राजनीतिक दल आतंककारी छात्र नेता खुद बनाते हैं, उनकी रक्षा करते हैं, और उनसे अपनी राजनीति करवाते हैं।

साधो, हम बड़ी गम्भीरता से इस समस्या पर विचार कर रहे थे, तभी मेरी अखबार पर नजर पड़ी। समाचार यह था कि महाराष्ट्र में कम्भोज में बाहुबली की मूर्ति पर किन्हीं ने पत्थर फेंके। बाहुबली जैनों के अत्यन्त पूज्य प्राचीन पुरुष हैं—इन परमवीर ने भाई की खातिर राज पर अधिकार त्याग दिया था और संन्यास ले लिया था। मगर इस घटना के बाद श्वेताम्बर और दिगम्बर जैन पन्थों में उस स्थान पर अधिकार के लिए विवाद मच गया। मार-पीट नहीं हुई। जैन ज्यादातर व्यापारी हैं। हिंसा पर नहीं उतरते। जैन धर्म का आविर्भाव ही उस युग में हुआ था, जब व्यावसायिक पूँजीवाद का विकास हो रहा था। व्यवसाय की सफलता के लिए शान्ति, अहिंसा, त्याग, क्षमा आदि सहायक होते हैं। ये गुण व्यापारी में नहीं, ग्राहक में होना चाहिए—शान्ति, अहिंसा, त्याग, क्षमा वगैरह। जहाँ तक व्यापारी का सवाल है, खून न निकले और आदमी मर जाए, तो वह 'अहिंसा' है। तो जैन मुनि ने अधिकार के लिए अनशन किया। कई शहरों में बाजार बन्द रहे। फिर उसी जगह मराठों ने शिवाजी की प्रतिमा स्थापित करने की जिद की और दलितों ने डॉक्टर अम्बेडकर की। चौमुखी झगड़ा। फिर खबर आई कि वह पूरा स्थान सरकारी है और अतिक्रमण किया गया है। इसके बाद धर्म में महाराष्ट्र की राजनीति घुस गई।

साधो, अवतारों, भगवानों, पैगम्बरों, सन्तों ने मनुष्यों को विराट बनने की शिक्षा दी, पर वह उसी गुरु के नाम क्षुद्र हुआ। सन्तों ने मनुष्यों को सागर बनाना चाहा, मगर अनुयायी छोटे से गन्दे डबरे हो गए। दिगम्बर और श्वेताम्बर में मुक्ति के मार्ग को लेकर विवाद है। पर मुक्ति किसे चाहिए? मुनाफा चाहिए। मगर कर्मकांड निभाए जाएँगे, और झगड़ा होगा। बौद्धों का तो इसी पतन और संघर्ष में खात्मा हो गया। साधो, ऐसा क्यों होता है? इसका कारण है, आर्थिक और राजनीतिक। जब तक अनेक के शोषण से एक सुखी होना चाहेगा तब तक धर्म का यही होगा। आर्थिक और राजनीतिक सत्ता का सवाल है। तभी प्रेम, दया की शिक्षा देने वाले नानकदेव के मन्दिर से घृणा और हिंसा फैलती है। कारण—एक उच्च वर्ग का दल जो बहुत अल्प मत में है और चुनाव जीतकर कभी सरकार नहीं बना सकता, वह

आतंक, हिंसा, धमकी से कब्जा करना चाहता है। इसके लिए नारा धर्म और पंथ का दिया जाता है जिससे लोग उन्माद में आकर उनका साथ दें।

साधो, होता ऐसा ही है। जब कभी देश की, हमारे जीवन की, इस देश के गरीबों की दशा पर हम गम्भीरता से सोचते हैं और कुछ करना चाहते हैं तभी मूर्ति का सिर उड़ जाता है, मन्दिर में चोरी हो जाती है, मन्दिर में गाय का मांस फेंक दिया जाता है, मस्जिद में सूअर को मारकर डाल दिया जाता है। यानी इस देश में ऐसी राजनीतिक-आर्थिक ताकतें हैं जो हमें ऐसे गम्भीर संकल्प में रोकना चाहती हैं, जिससे यथास्थिति टूटे, सामाजिक परिवर्तन की कोशिश हो। हम हाथी से निपटना चाहते हैं, तो ये हमारे कुरते में चूहा डाल देते हैं। बुनियादी समस्या से हमें निपटने नहीं देते—हमें गाय, चर्बी, सूअर, मूर्ति वगैरह में उलझाए रहते हैं। बड़े-बड़े बुद्धिमान इनमें उलझ जाते हैं।

साधो, मन्दसौर की यह घटना सहज भी हो सकती है और जटिल भी। सहज यों कि देश-भर में प्राचीन मूर्तियों की चोरी होती है। वे यूरोप और अमेरिका में ले जाकर बेची जाती हैं। तस्करी, यह नियमित धन्धा है। इसमें धर्म कहीं नहीं है। मूर्ति का सिर चोरी गया था, तो पुलिस में रिपोर्ट करना था। मगर साधो, बात को उलझाने वाले शायद सक्रिय हैं। बाजार बन्द और जुलूस का क्या मकसद है? क्या लोग सोचते हैं कि इससे मूर्ति चोरों का दिल बदल जाएगा? जिस पुलिस को चोरों का पता लगाकर मूर्ति का सिर बरामद कराने के लिए कहना था, उस पर पत्थर क्यों बरसाए?

साधो, लगता है, चुनाव की तैयारी में ऐसे मामले चोरी के न रहकर साम्प्रदायिक राजनीति के हो जाएँगे। मन्दसौर क्षेत्र में साम्प्रदायिकता प्रबल है। अगर एक साम्प्रदायिक दल को लाभ दिखा, तो वह यह प्रचार करके कि अमुक धर्म के लोगों ने मूर्ति खंडित कर दी, दंगा करवा सकते हैं। गुंडे और लुटेरे इसमें पूरा सहयोग देंगे। एक चोरी की घटना भयंकर साम्प्रदायिक और राजनीतिक रूप ले सकती है। हम इतने असहनशील और अविवेकी हो चुके हैं, यह पंजाब की घटनाएँ बताती हैं। तरुण छात्र, जिनसे हम क्रान्ति की उम्मीद करते हैं, मूर्ति के सिर की चोरी के लिए जुलूस निकालते हैं, जिसमें धर्म और अन्धविश्वास दिमाग में ऊपर होगा। चर्बी की राजनीति फेल होने पर अब शायद मूर्ति-चोरी की राजनीति साम्प्रदायिक दल चलाए।

[14 जनवरी, 1984]

अकरम खाँ का जवाब क्यों नहीं?

साधो, अब जब जनरल अकरम खाँ के जहरीले लेखों की चर्चा खत्म हो गई है, तब मैं उस बात को उठा रहा हूँ तो तुम पूछोगे कि आखिर ऐसा क्यों कर रहे हो? मैं दो कारणों से बात उठा रहा हूँ। पहला तो यह जनरल जिया उल हक ने अब अमेरिका से सिर्फ हथियार नहीं, सुरक्षा की गारंटी माँग ली है। दूसरा कारण यह कि मैं अब तक देख रहा था कि भारत में जिन लोगों को उन लेखों पर तीव्र प्रतिक्रिया प्रकट करनी चाहिए, वे कर रहे हैं या नहीं। नहीं कर रहे हैं, तो क्यों नहीं कर रहे हैं? तीसरा कारण यह है कि वे लेख आगामी चुनावों को प्रभावित करने के लिए लिखे गए हैं। मैं उनमें से नहीं हूँ जो पाकिस्तान से हमेशा दुश्मनी चाहते हैं। इस तरह दुश्मनी का सबसे ज्यादा समर्थक पूर्व जनसंघ रहा है। मैं दोनों देशों के अच्छे सम्बन्ध चाहता हूँ। मैं तो यहाँ तक कहता हूँ कि अगर भारत सरकार पाकिस्तान पर

हमला करे तो हम साधुओं को इसका भी विरोध करना चाहिए। हमारा ही देश क्यों न हो—किसी पर हमला क्यों करें?

साधो, अकरम खाँ के लेखों में विशेष ध्यान लायक यह है—एक तो उसने पिछले हजार सालों का इतिहास बताया है, जो यों है कि हमने हजार साल तक हिन्दुओं पर हुकूमत की है, इन्हें दबाया है। इसलिए अंग्रेजों को पूरा महाद्वीप हमें सौंप जाना था। दूसरी बात यह कही है कि भारत एक नहीं है और इसके बारह-चौदह टुकड़े हो जाना था। इससे कोई टुकड़ा, जो एक राष्ट्र होता, महाशक्ति नहीं बन सकता था। तीसरी बात यह कही है कि इन्दिरा सरकार महाशक्ति बन रही है, इन्दिरा गांधी नेपोलियन बनना चाहती हैं और इससे इस क्षेत्र के छोटे देशों को खतरा पैदा हो गया है। चौथी और सबसे महत्त्वपूर्ण बात यह कही है कि भारत में ऐसी सरकार होनी चाहिए, जो महाशक्ति न बनना चाहे और जिसकी नीतियाँ दूसरी हों। तब पड़ोसियों से सम्बन्ध अच्छे होंगे।

साधो, अकरम खाँ की बात पाकिस्तान सरकार की बात है। मुझे आशा थी कि जब अकरम खाँ ने पिछले हजार सालों के इतिहास की यह व्याख्या की है और हिन्दुओं के खिलाफ ओछी बातें कही हैं तो हिन्दू जाति और धर्म के रक्षक बनने वाले जवाब देंगे। मगर न विश्व हिन्दू परिषद वाले बोले, न बाला साहब देवरस बोले, न अटलबिहारी वाजपेयी बोले। असेतु हिमालय अखंड भारत माता के ये सच्चे और वीर सपूत क्यों नहीं बोले? इसलिए नहीं बोले कि जो इतिहास अकरम खाँ बता रहे हैं, वही इतिहास हिन्दू साम्प्रदायिक नेता बताते हैं। दोनों एक ही इतिहास मानते हैं। हिन्दू साम्प्रदायिक नेता भी यही प्रचार करते आ रहे हैं कि इन मुसलमानों ने हमले किए, हिन्दुओं पर राज किया, हिन्दुओं पर अत्याचार किए, हिन्दू नारियों की बेइज्जती की, वगैरह। दोनों एक ही इतिहास मानते हैं और दोनों झूठ बोलते हैं, गलत बताते हैं। दोनों को वास्तविक इतिहास का कोई ज्ञान नहीं है। जो पाकिस्तान को हर बात पर रोज गाली देते थे, वे अब चुप क्यों रहते हैं? हिन्दू धर्म और जाति की एकता और रक्षा के शूरवीर जो कल गंगाजल बेच रहे थे, चर्बी का हल्ला कर रहे थे, जनरल अकरम खाँ को जवाब क्यों नहीं देते?

साधो, वे जवाब इसलिए नहीं दे रहे हैं कि अकरम खाँ उनकी मदद कर रहे हैं। चुनावों में अकरम खाँ की बात बड़े काम की है। वास्तव में अकरम खाँ उस योजना में एक आदमी हैं, जिसके अन्तर्गत भारत के भीतरी मामलों में हस्तक्षेप करके अपनी पसन्द की सरकार बनवाई जाए। इस योजना में वे भी शामिल हैं, जो नहीं बोल रहे हैं। वरना एक बार राष्ट्र संघ में जुल्फिकार अली भुट्टो ने भारतीयों को 'इंडियन डॉग्ज' कह दिया था, तो जवाब में हमारे मोहम्मद करीम छागला ने कहा था—भुट्टो अपने बाप-दादों को गाली दे रहा है। बाप-दादों को कुत्ता कह रहा है।

साधो, अमेरिका और उसका गुट वर्तमान सरकार को पसन्द नहीं करते। कारण सब जानते हैं—यह सरकार गुट निरपेक्ष संगठन को बढ़ा रही है, साम्राज्यवाद विरोधी है, रंगभेद और नस्लवाद विरोधी है, अफ्रीका और लेटिन अमेरिका के देशों की स्वाधीनता की समर्थक है और सबसे बड़ा पाप यह कि इसने सोवियत रूस से बहुत अच्छे सम्बन्ध बना रखे हैं। राष्ट्र संघ में अमेरिका को अभी पूर्ण निशस्त्रीकरण के प्रस्ताव पर कुल 15 वोट मिले थे। शान्ति के इस प्रस्ताव के पक्ष में 124 वोट पड़े थे। तो अपनी भू-राजनीतिक व्यूह-रचना में भारत की वर्तमान सरकार या ऐसी सरकार बड़ा अड़ंगा है। दूसरी सरकार चाहिए और चुनाव को साल-भर बचा है।

साधो, कैसी सरकार चाहिए फिर? कम्यूनिस्ट सरकार तो कतई नहीं चाहिए और ऐसी सरकार बनने की कोई सम्भावना नहीं है। उन्हें चाहिए घोर दक्षिणपन्थी सरकार जो रूस विरोधी हो, गुट निरपेक्षता से जिसे मतलब न हो और जो अमेरिका-समर्थक हो। जनरल अकरम खाँ ऐसी ही शरीफ, भोली-सी, प्यारी-सी सरकार भारत में चाहते हैं, जो इस सरकार की तरह महाशक्ति न बनना चाहती हो। ऐसी सरकार से पाकिस्तान की दोस्ती हो जाएगी। अमेरिका भी ऐसी सरकार को गले लगाकर चूम लेगा।

साधो, ऐसी सरकार कौन बनाएँगे? यही अटलबिहारी वाजपेयी, चरणसिंह, सुब्रह्मण्यम स्वामी, चन्द्रशेखर? और अटलबिहारी और चरणसिंह कुछ भी कहते हों, चुनाव आते-आते ये समझौते कर लेंगे। इनकी प्यारी-प्यारी, मासूम सरकार बननी चाहिए, इस बदमाश सरकार की जगह। देश के भीतर ये सब नेता रोज इन्दिरा सरकार पर हमला करते हैं। यहाँ तक कहते हैं कि पाकिस्तान से खतरे का झूठा हौआ खड़ा कर रही है। इसे पाकिस्तानी शासक पसन्द करते हैं। रोनाल्ड रीगन भी पसन्द करते हैं। उधर पाकिस्तान के शासक भी इन्दिरा सरकार पर हमला करते हैं।

साधो, इसका मतलब है कि इन दक्षिणपन्थी दलों के चुनाव मैनेजर पाकिस्तान और अमेरिका में हैं। वे बहुत सक्रिय हैं। अकरम खाँ इनके चुनाव एजेन्ट हैं। अब तुम्हीं बताओ, अकरम खाँ की बात अटलबिहारी कैसे काटें! ये एक-दूसरे के दोस्त और एजेन्ट हैं।

[12 फरवरी, 1984]

किस विधि नारि रचेऊँ जग माँही

साधो, जिस बात के लिए देश की चिन्ता होनी जरूरी है, उस बात को दिल्ली में होना चाहिए। बहुएँ सारे देश में दहेज कम लाने के कारण जलाई जाती हैं और यह घरू धन्धे का मामला मान लिया जाता है। मगर बहुएँ दिल्ली में जलाई जाएँ, और गरीब नहीं, मध्यम या उच्च वर्ग की जलाई जाएँ, तो शोर होता है कि महिलाओं पर अत्याचार हो रहे हैं।

बलात्कार निम्न वर्ग, विशेषकर हरिजन स्त्रियों के साथ देश-भर में होते हैं। यह शर्म की बात है कि निम्नतम वर्ग में इसका विरोध तक नहीं होता। वे इसे अपना भाग्य मानकर बैठे हैं। यदि कोई स्त्री पुलिस थाने में रिपोर्ट करने जाए कि उस पर बलात्कार हुआ, तो भारतीय पुलिस बड़ी मुस्तैदी से अपना कार्य करती है। पुलिस वाले खुद उस स्त्री पर प्रयोग करके पक्का कर लेते हैं कि जो हुआ, वह ऐसा ही हुआ, जैसा हमने किया। किसी एकाध मामले का हल्ला होता है, सामाजिक और

राजनीतिक कार्यकर्ता दिलचस्पी लेते हैं, तब कार्यवाही होती है। मगर दिल्ली में जब बलात्कार होते हैं, तब वह राष्ट्रीय समस्या होती है। जुलूस निकलते हैं, संसद पर प्रदर्शन होते हैं, संसद के भीतर सदस्य मामले को उठाते हैं।

साधो, पिछले दिनों स्त्रियों पर अत्याचार के विरोध में महिलाओं ने प्रदर्शन किए, विशेषकर बलात्कार के विरोध में। सचमुच बलात्कार से जघन्य अपराध कोई और नहीं है। इसमें दूसरे पक्ष को प्रतिरोध करने के लिए प्रकृति ने कुछ नहीं दिया। वह न केवल शरीर पर आघात है, बल्कि मानस और भावना पर भी। यह स्त्री के पूरे व्यक्तित्व को तोड़ता है। बलात्कार को 'पाशविक' कहा जाता है, पर यह पशु की तौहीन है। पशु बलात्कार नहीं करते, मगर आदमी करता है। और साधो, इस अपराध को स्त्री के परिवार जन खुद छिपा लेते हैं, क्योंकि बदनामी का डर है। बलात्कारी इससे बेखटके हो जाते हैं। कोई मुकदमा चलता भी है, तो अपराध सिद्ध करना कठिन होता है। स्त्री को सिद्ध करना होता है कि उसने विरोध किया, विरोध के प्रमाण देने होते हैं यानी बलात्कारी को नोंचा हो, काटा हो तो उसके निशान। मगर बलात्कारी पिस्तौल या छुरा अड़ा दे, तो स्त्री समर्पण कर देती है। कानून 'समर्पण' को रजामन्दी मान लेता है और बलात्कारी निर्दोष छूट जाता है।

साधो, बलात्कारी एक मनोवैज्ञानिक रूप से बीमार आदमी होता है। या ऐसा होता है जिसने संस्कारों से अपने यौन आवेग को नियंत्रित करना नहीं सीखा। बलात्कार तब ज्यादा होते हैं, जब सजा का भय नहीं होता।

साधो, तुम कहोगे—गुरु, आज तो तुम अपराध शास्त्र बघार रहे हो। देखो, हम बहुत पाखंडी लोग हैं। हम अपने को प्राचीनतम और महान संस्कृति वाले कहते हैं, आदर्शवादी समझते हैं, नैतिक मानते हैं, मगर हमसे ज्यादा क्रूर और नीच जाति दुनिया में कोई नहीं। अफ्रीका के जंगली कबीलों में भी नारी पर उतने अत्याचार नहीं होते, जितने हम करते हैं, और कहते हैं कि नारी पवित्र है, पूज्या है, माता है, जहाँ नारी की पूजा होती है, वहाँ देवता रमते हैं।

साधो, पिछले दिनों रायपुर के पास 55 साल की एक वृद्धा पति की चिता पर सती हो गई, या करा दी गई। सती-प्रथा के मूल में क्या विश्वास है ? यह कि पुरुष के मरने पर स्त्री का जीवन खत्म हो गया। उसे मर जाना चाहिए! यानी स्त्री का अलग से कोई शरीर या मन नहीं है। आदमी के मरने पर उसके कुरते को या जूते को उसके साथ नहीं जलाते, पर स्त्री को जला देते हैं। धन्य है यह महान संस्कृति। दुनिया में सती-प्रथा कहीं नहीं रही। इजिप्त में अलबत्ता राजा के मरने पर उसके साथ रानी और नौकर भी गाड़ दिए जाते थे। पर यह सिर्फ राजा के लिए होता था।

साधो, हमारे यहाँ विधवा को धतूरा या भाँग पिलाकर नशे में करके जबरदस्ती चिता पर डाल देते रहे हैं। हजारों स्त्री, पुरुष, बच्चे इस दृश्य को मजे में देखते हैं।

सती मैया की जय बोली जाती है। स्त्रियाँ, खासकर बदचलन औरतें चिता में नारियल चढ़ाती हैं, राख कपाल पर लगाती हैं, क्योंकि—चली कुलबोरन गंगा नहाए के। फिर प्रचार होता है सती के बालों से ज्वाला निकली, सती के बैठते ही चिता में अपने-आप आग लग गई। हम जनरल जिया को थूकते हैं जो इस्लामी कानून के नाम से लोगों को खुलेआम कोड़े लगवाता है और लोग देखते हैं। मगर हम हिन्दू धर्म के नाम पर अपनी बहन, बेटी और बहू को शताब्दियों से जिन्दा जलाकर उत्सव मनाते रहे हैं।

साधो, पिछले साल बान्दा जिले में 16 साल की लड़की को जिसकी हाल ही में माँग भरी थी, ऐसे ही जला डाला था। अखबारों ने, सामाजिक कार्यकर्ताओं ने बहुत पुकार की कि यह हत्या है, परिवार वालों पर मुकदमा चलाया जाए। पर कुछ नहीं हुआ। धर्म की जय का मामला है। सती कांड के बारे में कहा जाता है कि बेटे-बहुओं ने पीछे से पकड़कर उसे पति के साथ जला दिया।

साधो, कानून है। जबरदस्ती या उकसाकर या प्रोत्साहित करके स्त्री को सती कराना जुर्म है। इसके लिए सजा का प्रावधान है। पर सजा दिलाए कौन? पुलिस जाँच करे और जुर्म कायम करे तभी तो सजा होगी! अब पुलिस का हाल देखो। पुलिस वाले उक्त सतीकांड वाले गाँव में तहकीकात करने पहुँचे, तो पहले सती की चिता के पास जाकर माथा टेका और राख कपाल पर लगाई। उन्होंने सिपाहिन, हवलदारिन, थोनदारिन और एस. पी. की साहबन को भी चिता में नारियल डालने भेजा होगा। जिससे ये पुलिस पत्नियाँ पतिव्रता रहें। पराए मर्द की तरफ आँख न उठाएँ। ये हमारे पुलिस वाले क्या रोकेंगे अपराध? इंडियन पेनल कोड तो सती मैया के साथ खाक हो गया।

[14 फरवरी, 1984]

रेलें क्यों टकराती हैं?

साधो, रेल दुर्घटनाएँ काफी हो चुकीं और हर एक में मरने वालों की संख्या एक-दो नहीं, चालीस-पचास रही। दुर्घटनाओं में जब लोग मरते हैं, तब एक बनी-बनाई प्रक्रिया चलती है—राष्ट्रपति से लेकर मंत्री तक का शोक-सन्देश, मरने और घायल होने के इनाम की घोषणा और जाँच की मशीनरी! कभी ऐसा हुआ था कि रेल-दुर्घटना में छब्बीस आदमी मरने पर तत्कालीन रेलमंत्री लालबहादुर शास्त्री ने इस्तीफा दे दिया। तब लोग जानते और कहते थे कि पंडित नेहरू शास्त्री जी को एक-दो महीने में मंत्रिमंडल में ले लेंगे। ऐसा हुआ भी। ऐसा होगा, इसी विश्वास के कारण शास्त्री जी ने इस्तीफा दिया था। साधो, अब अब्दुल गनी खाँ चौधरी रेलमंत्री हैं। वे इस्तीफा नहीं दे रहे हैं क्योंकि उन्हें भरोसा नहीं है कि वे फिर मंत्रिमंडल में ले लिये जाएँगे। अब ऐसी प्रधानमंत्री हैं, जो कह दें—गुड रिलीव्हड। चलो, पिंड छूटा। ऐसे में कोई मंत्री ऊँचा नैतिक स्तर बताने का खतरा मोल नहीं लेगा।

साधो, गनी खाँ चौड़े मुँह वाले मंत्री हैं। बहुत बोलते हैं और हर कुछ बोलते हैं। पहले घोषणा करते रहते थे कि ज्योति बसु की सरकार को बंगाल की खाड़ी में फेंक दूँगा। मगर यह नहीं कर सके। उनकी अपनी रेलवे बोगियाँ पटरी से उतरने लगीं। साधो, मद्रास में पिछले साल जब घोर जल-संकट था, तब गनी खाँ चौधरी पानी की टंकियों की रेलगाड़ी लेकर खुद मद्रास पानी देने पहुँचे थे। मुख्यमंत्री रामचन्द्रन ने कहा कि हम यह पानी नहीं लेंगे। यह अशुद्ध होगा। तब नाटक हुआ—गनी खाँ पानी की टंकियाँ लिये स्टेशन पर हैं और मद्रास वाटर वर्क्स ले नहीं रहा है। पानी खराब हो रहा है। उधर टेलीविजन वालों का दल इन्तजार कर रहा है कि रेलमंत्री पानी सौंपे तो हम फिल्म करें। आखिर कोई रास्ता निकाला गया। वाटर वर्क्स के अधिकारी ने पानी स्वीकारा। तमिलनाडु का कोई मंत्री नहीं आया। मगर टेलीविजन पर यह मानवीय उदारता का दृश्य दिखाया गया। ऐसे संवेदनशील रेलमंत्री को चिन्तित होने की जरूरत नहीं है। ये रेल-दुघर्टनाएँ जनता का ज्ञान-बोध बढ़ाती हैं। जैसे ये सिखाती हैं कि बीमा हर बच्चे का भी होना चाहिए। बच्चा चाहे तीसरी कक्षा में ही क्यों न पढ़ता हो, उसे वसीयत लिखकर रेलगाड़ी में बैठना चाहिए कि मेरी किताबें और स्लेट मेरे मरने के बाद किसे मिले। इन दुर्घटनाओं से ईश्वर के प्रति विश्वास बढ़ता है। आध्यात्मिक भावना जागती है। मनुष्य-देह के नाशवान और तुच्छ होने का बोध होता है। आदमी परमार्थी होता है। हमें समझ में आता है—'हानि-लाभ, जीवन-मरण, जस-अपसज विधि हाथ।' सारी ज्ञान-विज्ञान की सावधानी के बाद भी भगवान को जिसे उठाना होता है, उसे रेलगाड़ी से उठा लेता है। जिन यात्रियों का बेटा नहीं है, उन्हें अपना श्राद्ध और पिंडदान खुद करके रेलगाड़ी में बैठना चाहिए।

मगर साधो, जब कोई बात ज्यादा हो जाती है तो चर्चा का विषय बनती है। तब पत्रकार ऊँचे अधिकारियों से मिलते हैं और पूछते हैं। यह एक जरूरी कर्मकांड है। तो पत्रकारों ने गनी खाँ चौधरी को घेरा कि ऐसी भयानक दुर्घटना क्यों हो रही हैं? ऐसे सवाल पहले भी होते रहे हैं। और सबसे अच्छा जवाब मुझे किसी समय रेलवे बोर्ड के चेयरमैन सरदार नरेन्द्र सिंह का लगा। उन्होंने कपाल ठोककर कहा—मेरी किस्मत ही खराब है। इस बात का कोई प्रश्न उठ ही नहीं सकता। जब चेयरमैन की किस्मत ही खराब है तो किसी तरह की जाँच की जरूरत ही नहीं है। किस्मत का मामला है और किस्मत तो भगवान लिखकर भेजता है या फिर—चेयरमैन या मंत्री पैदा करता है। अब इसमें गार्ड या ड्राइवर या स्टेशनमास्टर क्या करें?

साधो, गनी खाँ चौधरी के लिए एक और जवाब पहले से तैयार था, पर वह उन्होंने नहीं दिया। रीति यह थी कि वे तुरन्त दुनिया के दो-चार देशों के आँकड़े दे देते। कहते—अमेरिका में इतने किलोमीटर रेलवे लाइनें हैं और एक्सीडेंट औसतन

साल में इतने होते हैं। फ्रांस में ये आँकड़े हैं, ब्रिटेन में ये हैं। भारत में, दुनिया में सबसे बड़ा जाल रेलवे लाइनों का है, दुर्घटनाएँ दूसरे देशों की तुलना में एक तिहाई होती हैं। अब अगर इतनी भी न हों, इस देश का भविष्य कितना अन्धकारमय हो जाएगा? मुझे याद है, जनता पार्टी सरकार के जमाने में संसद में सदस्यों ने बहुत हल्ला मचाया कि दिल्ली में बहुत हत्याएँ हो रही हैं। जवाब में प्रधानमंत्री ने आँकड़े दे दिए—वाशिंगटन में रोज इतनी हत्याएँ होती हैं, लन्दन में इतनी, पेरिस में इतनी, बोन में इतनी और दिल्ली में सिर्फ इतनी! कितनी कम हत्याएँ होती हैं, हमारी राजधानी में। हमें शर्म आनी चाहिए कि हम इतने पिछड़े हुए हैं। हमें हत्याओं की संख्या बढ़ानी चाहिए। मगर हमारे जन-प्रतिनिधि उल्टे शिकायत करते हैं कि इतनी हत्याएँ भी क्यों होती हैं? राष्ट्र-गौरव का भी ध्यान नहीं है!

साधो, दो कारण दिए जाते हैं—एक है, मैकेनिकल फाल्ट और दूसरा है, ह्यूमन फाल्ट। मशीन की गलती या कर्मचारी की गलती। मशीन की गलती पर कोई वश नहीं। कम्प्यूटर की गलती से परमाणु युद्ध हो सकता है, तो यह तो मामूली, रेल-दुर्घटना है। दूसरी कर्मचारी की गलती। दिल्ली के पास जो बड़ी दुर्घटना हुई, उसका कारण कर्मचारियों की गलती बताई जाती है। स्टेशन पर एक रेलगाड़ी खड़ी थी। दूसरी रेलगाड़ी उसी लाइन पर आ गई। दो सिगनल 'अप' थे, मगर ड्राइवर ने गाड़ी नहीं रोकी। उधर लाइनें भी ऐसी नहीं जोड़ी गईं कि यह गाड़ी अपने-आप दूसरी लाइन पर चली जाती। नतीजा यह कि इस चलती गाड़ी ने खड़ी हुई गाड़ी को टक्कर मारी और वहीं पचास आदमी मर गए।

साधो, लोग आमतौर पर आरोप लगाते हैं कि ड्राइवर शराब पीकर गाड़ी चलाते हैं। मैं कहता हूँ—शराब के नशे में तो भगवान भी दिख जाता है, फिर सिगनल और रेलगाड़ी क्यों नहीं दिखती? नियम है कि ड्राइवर और गार्ड की रेलगाड़ी का चार्ज लेने के पहले जाँच की जाती है कि वे शराब तो नहीं पिए हैं। पर दूसरे नियमों की तरह इसका भी पालन नहीं होता है। फिर मान लो, यहाँ ड्राइवर नहीं पिए हैं, मगर रास्ते में किसी भी स्टेशन पर उसे शराब मिल सकती है।

साधो, कुल मामला हमारी ऊँची नैतिकता का है—जो जहाँ है, वहीं काम नहीं करता और काला पैसा कमाता है। दुर्घटना मानवी गलती से नहीं, हमारी देशव्यापी मानवी नैतिकता से होती है।

[28 मार्च, 1984]

फिर वही लाउड स्पीकर

साधो, यह बात शायद सौवीं बार लिख रहा हूँ और आगे हजार बार लिखना पड़े। किसी बुराई को खत्म करने के लिए शताब्दी भर लिखना और कहना पड़ता है। बात वही हर साल इस मौसम की है, जब छात्र परीक्षा की तैयारी करते हैं। रोज अखबारों में छात्रों की अपीलें पढ़ता हूँ कि देर रात तक लाउड स्पीकरों का शोर बन्द किया जाए। ये छात्र बड़ी दीनता से नागरिकों से अपील करते हैं कि हम आपके बेटा-बेटी हैं। हमें पढ़ने दो। ये प्रशासन से भी अपील करते हैं कि देर रात तक होने वाला यह शोर बन्द करवाएँ। इसके लिए शासन के पास कानून है। कानून हमारी रक्षा करे।

साधो, ये जो अपील करते हैं, पढ़ने वाले छात्र हैं। वास्तविक छात्र! ये छात्र-नेता नहीं हैं। छात्र-नेता वह होता है, जो पढ़ता नहीं। पढ़ने लगे तो छात्र-नेता नहीं रहेगा। अधेड़ उम्र के भी छात्र-नेता हैं जो कभी पढ़े ही नहीं। शोर से इन्हें शिकायत होती तो ये पाँच-दस जगह जाकर लाउड स्पीकर तोड़ आते और अपने रक्षक

राजनेता की शरण में चले जाते जिससे पुलिस जुर्म कायम न करे। जो अपीलें कर रहे हैं, उन पंचानवे फीसदी भले छात्रों के प्रतिनिधि हैं, जिन्हें परीक्षा पास करके रोजी-रोटी की तलाश करनी है। ये तोड़-फोड़ कर नहीं सकते, इसलिए अपीलें करते हैं।

साधो, मगर वे 'चक्का जाम' और 'शहर बन्द' कराने वाले वीर छात्र-नेता अपने साथी छात्रों की विपदा क्यों नहीं हरते? ये तो घंटों सड़क बन्द रखते हैं, ट्रकों को हिलने नहीं देते, बाजार बन्द करवाते हैं, मारपीट करते हैं, आतंक पैदा करते हैं। ये क्रान्तिकारी परमवीर चक्र और महावीर चक्र पाने के लायक हैं। शराब विक्रेता मुफ्त बोतल न दें और होटल वाला मुफ्त खिलाने में आना-कानी करे तो ये नेता 'छात्र वर्ग पर अत्याचार' के नारे के साथ महान सशस्त्र क्रान्ति करने लगते हैं। ये लाउड स्पीकर की इस छात्र-घाती समस्या पर कुछ क्यों नहीं करते?

साधो, बात यह है कि लाउड स्पीकर बन्द करवाना कोई मुनाफे का काम नहीं है। इसमें क्या मिलेगा! चक्का जाम में ट्रक वालों से और बाजार बन्द में दुकानदारों से अच्छी वसूली होती है। ये मुनाफे की क्रान्तियाँ हैं।

साधो, जो जाति कोलाहल पसन्द करती है, वह असंस्कृत जाति होती है। हम अपनी महान संस्कृति का गर्व तो करते हैं पर आचरण में वह संस्कृति गायब है। सुसंस्कृत आदमी का एक लक्षण यह है कि वह दूसरे की तकलीफ का ध्यान रखता है। वह अपने कारण दूसरे को कष्ट नहीं देता। जो यह भी ख्याल नहीं रखते कि रात को हमारे लाउड स्पीकर से सारे मुहल्ले के लोग परेशान हैं, मरीज सो नहीं सकते, छात्र पढ़ नहीं सकते, वे लोग संस्कृतिविहीन पशु के स्तर पर जिन्दगी जीते हैं।

साधो, पहले 'लोकमत' होता था। मुहल्ले के बूढ़े-सयाने कह देते थे—देखो, यह तुम गलत कर रहे हो। इससे लोगों को तकलीफ है। मगर अब वह लोकमत का अनुशासन भी नहीं बचा। अब कोई कहे कि भैया, दस बजे के बाद लाउड स्पीकर बन्द कर देना, तो उसे जवाब मिलेगा—यह हमारा निजी मामला है। आप दखल देने वाले कौन हैं? मुहल्ले के लोग हमारे मंगल कार्य में बाधा डालते हैं। साधो, इस फूहड़पन को रोकने की कोई ताकत समाज में नहीं बची। इसका एक कारण है कि दूसरे के मामले में जो नागरिक विवेक की बात करते हैं, वे अपने घर में कोई उत्सव होने पर खुद विवेकहीन हो जाते हैं और रात भर फूहड़, अशिष्ट कोलाहल करवाते हैं। वैज्ञानिक पर्यावरण का अध्ययन कर रहे हैं। प्रदूषण पर अन्तर्राष्ट्रीय मीटिंगें होती हैं जिसमें वैज्ञानिकों को कहना है कि वातावरण में कोलाहल का प्रदूषण मनुष्य के शरीर और मन पर बहुत बुरा असर डालता है। पर हमारे लिए वैज्ञानिकों का क्या महत्त्व? हम तो विज्ञान-विरोधी हैं। विज्ञान और आधुनिकता के विरोध को हम अपनी संस्कृति और गौरवशाली परम्परा माने बैठे हैं।

साधो, ऐसा नहीं है कि निचले वर्ग के लोग यह कोलाहल करते हैं। या दो नम्बरी पैसे वाले गँवार ही ऐसा करते हैं। पढ़े-लिखे लोग, डॉक्टर, वकील, प्रोफेसर भी यह करते हैं। किस-किस को रोओगे! सात-सात दिन तक चौबीसों घंटे लाउड स्पीकर पर गायत्री मंत्र का पाठ होता है। जो गायत्री यज्ञ कर रहे हैं, वे इतनी आवाज करें कि वहाँ एकत्र लोगों को सुनाई पड़े। उन्हें यह अधिकार नहीं है कि आस-पास दो-दो किलोमीटर में बसे लोगों के कान सात दिन तक लगातार फोड़ें। मगर कोई इनसे कहे तो उस पर लोग टूट पड़ेंगे कि यह 'धर्म-विरोधी है, पापी है।' सात दिन में लोग पागल नहीं होते, जबकि उन्हें हो जाना चाहिए। मगर उनके शरीर और बुद्धि का बहुत क्षय होता है। इसी तरह शादी के लाउड स्पीकर को कोई कम करने को कहे तो उस पर लोग टूट पड़ेंगे कि इसे हमारा मंगल कार्य अच्छा नहीं लगता। यह शुभ काम में बाधा डालता है।

साधो, जहाँ तक प्रशासन का सवाल है, कानून है, इसे रोकने के लिए। मगर यह 'काग्निज़बल आफेंस' नहीं है, तो पुलिस वाले बिना रिपोर्ट के कुछ नहीं कर सकते। फिर पुलिस वालों के और प्रशासनिक अधिकारियों के भी तो वही संस्कार हैं। कोई गारन्टी नहीं है कि अफसर के घर की शादी में सारी रात लाउड स्पीकर न बजे। दूसरी बात यह है कि शासन एक और नए झंझट में पड़ना नहीं चाहता। धार्मिक कीर्तन में अगर शासन रोके तो यह धर्म में हस्तक्षेप मान लिया जाएगा और पाखंडी भक्त मुख्यमंत्री तक पहुँच जाएँगे। देख नहीं रहे हो, स्वर्ण मन्दिर के सामने खड़ी पुलिस स्वर्ण मन्दिर के भीतर से चलने वाली धर्म की राइफल की गोलियों से मर रही है!

साधो, दो-तीन रास्ते हैं। एक तो यह है कि समझदार लोग इसके विरुद्ध जनमत बनाएँ। दूसरा वह है कि अगर कुछ लोग गवाही देने की हिम्मत करें तो शासन चार-पाँच लोगों को सजा कराके अखबारों में इसका प्रचार कर दे। सजा क्या, जुर्माना होगा। मगर अखबारों में जब छपेगा कि अमुक महाशय को देर तक लाउड स्पीकर बजाने के कारण अदालत से सजा हुई, तो दूसरे लोग सावधान होंगे और अति नहीं करेंगे। अभी यह हाल है कि जिला मजिस्ट्रेट का हुक्म तो हो जाता है कि इतने बजे के बाद लाउड स्पीकर न बजाए जाएँ। मगर इस पर अमल बिल्कुल नहीं होता। तीसरा रास्ता यह है कि कुछ खतरा उठाकर छात्र-समूह में जाकर चार-पाँच जगह चोंगा और मशीन नष्ट कर आएँ। तो लोग डरेंगे। वरना करो अपील, अनुनय, विनय करो। मानसिकता पत्थर की हो गई है। कोई नहीं सोचेगा और न मानेगा।

[26 फरवरी, 1984]

तो फिर इन्द्र भी स्वाहा!

साधो, अमेरिका में एक मशहूर राजनीतिक अर्थशास्त्री हैं—प्रो. गेलब्रेथ। उनकी बहुत-सी किताबें हैं। अति सम्पन्न समाज में कौन-सी विकृतियाँ आती हैं और जीवन-मूल्यों का कैसे पतन होता है, इस पर भी उन्होंने लिखा है। काफी साफ बोलने वाले आदमी हैं। प्रो. गेलब्रेथ भारत में अमेरिकी राजदूत रह चुके हैं। उन्होंने अपनी ताजा किताब में लिखा है कि दिल्ली में मुझे सी. आई. ए. ने बहुत परेशानी में डाल दिया। मुझसे कहा गया कि इतना पैसा अमुक-अमुक पार्टियों के नेताओं को दे दो। यह मेरे लिए बड़ा कठिन काम था।

साधो, प्रो. गेलब्रेथ के ऐसे ही लिखने और बोलने के कारण उन पर यह रोक लगा दी गई है कि वे विदेशों में भाषण नहीं देंगे। हाल ही में ऐसी रोक अमेरिका के अस्सी बुद्धिजीवियों पर लगी है। साधो, अमेरिका में साफ और बुद्धिमानी की बात करने वाले को कम्यूनिस्ट एजेन्ट कह दिया जाता है। महान लेखक नोबेल पुरस्कार

विजेता अर्नेस्ट हेमिंग्वे युद्ध की नीति के खिलाफ था। तो उसे अमेरिका विरोधी करार दे दिया और गुप्तचर विभाग के लोगों ने उसका ऐसा घेराव किया है कि वह सनकी हो गया। उसे हर आदमी खुफिया एजेन्ट मालूम होता था और इस यातना से तंग आकर उसने आत्महत्या कर ली। यह सब हेमिंग्वे की पत्नी ने लिखा है।

खैर, साधो, हमें तो इससे मतलब है कि एक बुद्धिजीवी राजदूत ने ही यह बात कही है कि सी. आई. ए. भारत की कुछ पार्टियों, गुटों और व्यक्तियों को पैसा देती है और वे लेते हैं। वे कौन हैं जो अमेरिकी पैसा पाते हैं ? इसकी पहचान बहुत आसान है। अमेरिका अपने विरोधियों को तो पैसा देता नहीं होगा। अपने समर्थकों को ही देता होगा। ये समर्थक कौन हो सकते हैं ? वामपन्थी तो होंगे नहीं। दक्षिणपन्थी होंगे! अब तुम उन दलों और नेताओं, बुद्धिजीवियों, पत्रकारों, धर्मगुरुओं को पहचान ही लोगे, जिन्हें अमेरिकी पैसा मिलता है। सवाल है—क्या यह पैसा इन्हें भारत का भला करने के लिए मिलता है ? सीधा जवाब है—नहीं! यह पैसा अमेरिका का काम करने के लिए मिलता है। अमेरिका इस देश में कौन से मंगल कार्य कराना चाहता है ? अब सब जानते हैं कि अमेरिका को इस देश की विदेशनीति, आत्मनिर्भरता की कोशिश, स्वाभिमान और स्वाधीनता की रक्षा और रूस से मित्रता और राष्ट्रीय एकता पसन्द नहीं। यानी जो भी अमेरिका से पैसा लेगा, उसे ऐसे काम करने पड़ेंगे जिनसे संकट पैदा हो और देश तथा सरकार कमजोर हो और राष्ट्र का विघटन हो तथा नीतियाँ बदलें।

अब साधो, समझो कि पंजाब की समस्या क्यों नहीं सुलझ रही है! कोई समझौता क्यों नहीं होता ? बात यह है कि उन्हें समझौता नहीं—आन्दोलन चाहिए। समझौते से मामला शान्त हो जाएगा। शान्ति नहीं चाहिए। समझौता और शान्ति होने से एक तो नेतागीरी चली जाएगी। दूसरे—अशान्ति और विघटन के लिए जो पैसा मिलता है, वह बन्द हो जाएगा। इसलिए जब अकाली नेता दिल्ली में समझौता करने बैठते हैं, तभी भारतीय जनता पार्टी पंजाब बन्द करा देती है और हरियाणा में अपने लोगों से गुरुद्वारों पर हमला करा देती है। बस, वार्ता खत्म।

साधो, और मजा देखो! जो दक्षिणपन्थी दल बाहर अकालियों की माँगों का समर्थन करते हैं और सरकार पर समझौता नहीं करने का आरोप लगाते हैं, वही दल त्रिपक्षीय वार्ता में अकालियों की माँगों का विरोध करने लगते हैं। पिछली वार्ता में ऐसा हो चुका है। ऐसा क्यों होता है ? यह दुहरा रोल किसलिए अदा किया जाता है ? इसलिए कि समझौता कहीं हो नहीं जाए। समझौता नहीं होने देने में बड़े फायदे हैं—विदेशी धन बराबर आता है, राजनीतिक लाभ है, नेतागीरी कायम है, चूहे के बराबर आदमी शेर के बराबर नेता बने हैं, रोज फोटो छपते हैं, प्रधानमंत्री निमंत्रण देती है, इस तनाव के वातावरण में चुनाव हो तो कुछ सीटें ज्यादा मिल जाएँगी। प्रचार हिन्दू-

सिख झगड़े का हो रहा है। मगर हिन्दू और सिख कहीं नहीं लड़ रहे हैं। सिखों के रक्षक बनने वाले भारतीय जनता पार्टी के नेताओं में गुप्त समझौता है कि—समझौता नहीं होने देना है। जब समझौते के आसार दिखें तो पानीपत में गुरुद्वारे पर हमला करवा दिया बी. जे. पी. ने 'भीड़' के नाम से। अब कभी अकाली नेता दिल्ली बात करने बैठेंगे, तब वे पंजाब में गड़बड़ का इन्तजाम करके आएँगे—ताकि बातचीत भंग कर दें।

साधो, ऐसा ही असम के मामले में होता रहा है। छात्र-नेता सरकार से समझौता करके बाहर निकलते हैं और बाहर विरोधी नेताओं की सलाह पर समझौता भंग कर देंगे। असम में भी आन्दोलन का संचालन विदेशी पैसा और साम्प्रदायिक दल कर रहे हैं।

साधो, अकाली नेता कहते हैं कि 'आनन्दपुर' साहब प्रस्ताव मान लो। मैंने इधर सिखों से पूछा कि यह आनन्दपुर साहब प्रस्ताव क्या है? वे कहते हैं—हमें नहीं मालूम। मान लो, आनन्दपुर साहब प्रस्ताव सरकार पूरा मान भी ले, तो भी समस्या हल नहीं होगी। इधर महासन्त भिंडरावाला बैठे हैं। वे ऐसी बातें कहते हैं—सिख हत्या नहीं करता, वह बदला लेता है। सन्त प्रवर, वह किससे बदला लेता है? वह उस बलवान से बदला नहीं लेता जिसने सिख को मारा। वह दो-चार बेकसूर निहत्थे भले आदमियों को मार डालता है। यह बहादुरी है। यही गुरुओं की शिक्षा है। तो भिंडरावाला कहते हैं कि अकाली दल नेताओं ने समझौता कर भी लिया तो उसे हम नहीं मानेंगे। प्रधानमंत्री अमृतसर आकर मुझसे बात करें। भिंडरावाला पागलों की फौज के सेनापति हैं। उन्होंने अपने को अकाल पुरुष बना लिया है। जब तक उनकी चलेगी, समझौता नहीं होगा। समझौता हो गया तो इन्हें कोई नहीं पूछेगा। भजन करते-करते ये कहाँ तक बोर होंगे!

साधो, तुम पूछोगे कि होगा क्या? ये धार्मिक लोग नहीं, राजनीतिक पार्टी के लोग हैं। ये अपराधी हैं। हत्याएँ करवाते हैं। इसलिए इन पर सरकार को कठोर कार्यवाही करनी ही होगी—सीमा सुरक्षा दल की हो या फौज की। अपराधी तो पकड़े ही जाएँगे। अब तुम स्वर्ण मन्दिर की पवित्रता की बात करोगे। तुम जनमेजय के नागयज्ञ की कथा जानते हो। ऋषिगण नागों को यज्ञवेदी में डाल रहे थे। मालूम हुआ कि नागराज तक्षक इन्द्र के सिंहासन के नीचे छिपा है और इन्द्र उसकी रक्षा कर रहे हैं? ऋषियों ने कहा—ऐसा है तो इन्द्र भी स्वाहा! समझे?

[4 मार्च, 1984]

चुनावी बजट

साधो, यह बजट-मौसम है। बजट ऐसा है, जैसे ज्योतिषी राशिफल खोल रहा है—इधर मंगल है, मगर उस पर शनि की दृष्टि पड़ रही है। इसलिए मंगल भला करने को कितना ही जोर मारे, शनि होने नहीं देगा। ऐसा ही यह प्रणव मुकर्जी का बजट है और ऐसे ही राज्यों के बजट खुल रहे हैं। कहीं मंगल पर शनि की दृष्टि लगी है, कहीं गुरु पर शनि की दृष्टि लगी है। मंगल एक है, गुरु एक है, पर शनि कई हैं।

साधो, सरकार भी यह मानती है कि देश में साठ हजार करोड़ काला धन है। तुम जानते हो, साठ हजार करोड़ कितना होता है! मैं तो सोचता हूँ तो आँखें फिर जाती हैं। इस शताब्दी के अन्त तक एक लाख करोड़ काला धन हो जाएगा। काला धन निकल नहीं रहा है, बढ़ रहा है। अब प्रणव मुकर्जी कीमतों को घटाने या स्थिर रखने का बजट बनाएँ, पर काला धन न कीमतें घटने देगा, न स्थिर रहने देगा। प्रणव मुकर्जी मुद्रास्फीति रोकने का प्रण करें, पर यह साठ हजार करोड़ मुद्रास्फीति

बढ़ाएगा ही। साधो, हम अर्थशास्त्र समझते नहीं हैं। अनाड़ी हैं। मगर मैं कहता हूँ कि जब काला धन वालों का ही बोलबाला है, तो प्रणव मुकर्जी बजट क्यों बनाते हैं? उन्हें यह अधिकार नहीं है। पाइप प्रणव भी पीते हैं, कबीरदास भी पीता है। पाइप-भाई के नाते मेरी सलाह है कि बजट बनाने का काम काला धन वालों को दे दिया जाए। काला धन वालों में से किसी को अर्थमंत्री बना दिया जाए। एक सलाहकार समिति बना दी जाए, जिसमें देश के महान काला धन मालिक और हाजी मस्तान जैसे लोग हों। ठग महागुरु नटवरलाल भी शामिल किए जाएँ। इनके सामने प्रणव मुकर्जी अपना सफेद हिसाब रख दें—इस मद में इतना आएगा, इतना टैक्सों से वसूल होगा, इतनी रेवेन्यू इन मदों से होगी। इतना विदेशी कर्ज मिलेगा, जिसे आप पूरा-का-पूरा काला धन बना लें। बस, अब बढ़िया बजट बना दें। हमारा बजट सफल नहीं होगा। आपका ही सफल होगा। साधो, जब काला धन के विशेषज्ञ बजट बना दें, तब प्रणव मुकर्जी उसे संसद में पेश कर दें कि हमने यह बजट उनसे बनवाया है, जिनका देश की अर्थ-व्यवस्था पर कब्जा है। यह जरूर सफल होगा।

खैर, साधो, जब प्रणव मुकर्जी ने बजट पेश कर ही दिया है, तो उस पर बहस भी हो रही है। मगर बहस हर साल सरीखी गरमागरम नहीं हो रही है। पहले तो चिल्लाते थे—इस बजट से गरीब और मरेंगे। या इस बजट से उत्पादन को प्रोत्साहन नहीं मिलेगा। इस बजट से इस वर्ग को तकलीफ होगी, उस वर्ग का तकलीफ होगी। मगर इस बार विरोधी नेता एकदम ठंडे हैं। दहाड़ किसी की नहीं सुनाई पड़ी। लगभग सबने एक ही बात कही है—यह चुनाव बजट है। साधो, मजे की बात यह है कि प्रणव मुकर्जी ने भी बजट पेश करने के पहले साफ कह दिया—बजट बनाने के दौरान मेरे दिमाग में कुछ महीने बाद घटने वाली वह घटना रही है, जिसका सामना हम सबको करना है। वह घटना यानी आम चुनाव! प्रणव मुकर्जी का इशारा था कि आलोचना करने के पहले यह सोच लेना कि आगे चुनाव लड़ना है। अब बजट के प्रखर आलोचक पसोपेश में हैं। अगर इस मामले की आलोचना करो, पूँजी वाले नाराज होंगे और अपने वोट कटेंगे। अगर इधर कुछ कहो तो मध्यम वर्ग नाराज होगा और अपने को वोट नहीं देगा। अगर यहाँ कटौती करने की बात करो तो गरीब नाराज होंगे और ज्यादा वोट गरीबों के ही होंगे। इसलिए किसी मामले पर मत बोलो। यही कहो—यह चुनाव बजट है, सबको खुश रखने की कोशिश वाला। यही बात सत्ता पक्ष भी कहता है—हाँ, यह चुनाव बजट है।

साधो, इन बजटों के प्रकाश में साधारण आदमी अपना बजट बनाए तो वह भी झूठा होगा। कारण कि बजट प्रकाश का नहीं, अन्धकार का होगा। तीन महीने पहले बच्चों को स्कूल ले जाने वाला रिक्शावाला मध्यवर्गीय गृहिणी से कहता था—बाई, पैसे बढ़ाओ। दाल सात रुपए किलो हो गई। अब वह कहता है—बाई,

थोड़ा पैसा और बढ़ाओ। दाल अब नौ रुपए किलो हो गई। गरीब का बजट भी फेल और मध्यवर्गीय का भी फेल। उससे कहो—देखो, फसल इस साल बहुत अच्छी आई है, महीने भर बाद अनाज सस्ता हो जाएगा। वह जवाब देता है कि—बाई, आज तक कभी ऐसा हुआ है कि फसल अच्छी आई हो और अनाज के दाम घटे हों! फसल खराब हो तब भी दाम बढ़ते हैं और फसल अच्छी हो तब भी दाम बढ़ते हैं। अनाज तो गोदामों में भर जाएगा और बरसात शुरू होते ही वे रुला-रुलाकर महँगी दाल बेचेंगे। सब ईश्वर की लीला है। त्रेता और द्वापर में तो भगवान कुछ साल लीला करके अन्तर्धान हो गए, पर कलियुग में भगवान रोज ही शताब्दी भर लीला कर रहे हैं।

साधो, यह भगवान की लीला नहीं तो क्या है? वाजिब मूल्य की सरकारी दुकान पर आज सरकारी गोदामों से अच्छा अनाज आता है और रात को वैसा ही चमत्कार होता है जैसे कृष्ण ने उफनती यमुना को पार करके किया था। उचित मूल्य की दुकानों में सड़ा अनाज आ जाता है और अच्छा अनाज खुले बाजार में पहुँच जाता है।

साधो, हम मामूली लोग हैं। हम अर्थशास्त्र के जादू-भरे मन जैसे शब्दों और मुहावरों को नहीं समझते। हम न समझते हैं इनफ्लेशन, न डैफिसिट फिर्नेंसिंग, न अंडर डेवलपमेंट, न बैकवर्ड इकानमी, न ओवर इनवबसिंग, न अंडर इनवाइसिंग, न प्राडक्टिव, न अनप्राडक्टिव, न नेशनल ग्रोथ रेट, न परकेपिटा इनकम। हम यह भी नहीं समझते कि शेयर बाजार में स्वराजपाल के आदमी ने इतनी हलचल पैदा कैसे कर दी और कम्पनियों के मालिक उससे क्यों घबड़ाते हैं।

साधो, हम तो आटा, दाल, चावल, प्याज का दाम समझते हैं। हम सार्वजनिक वितरण-प्रणाली को जरूर समझते हैं। यह नाकाफी है और भ्रष्ट है। हम प्रणव मुकर्जी को साल भर पाइप की बढ़िया तमाखू भेंट कर सकते हैं अगर वितरण-प्रणाली का बहुत विस्तार हो और भ्रष्टाचार न हो। विस्तार शायद कुछ और हो जाए, मगर भ्रष्टाचार तो भगवान का प्रिय मनोरंजन है।

[20 मार्च, 1984]

दहेज देवता हवालात में

अगर लड़की और उसके बाप मजबूत हुए, तो इस वक्त वर और उसका बाप जमानत पर होंगे और दहेज-विरोधी कानून के अन्तर्गत मुकदमा बन रहा होगा। इस बीच पुलिस पैसा खाकर मामला रफा-दफा करने की कोशिश कर चुकी होगी। चार दिन पहले की बात है। यहाँ से करीब सौ किलोमीटर दूर एक कस्बे में द्वारचार के बाद ही वर के बाप-चाचा ने रकम की माँग कर दी। रकम वधू के पिता की हैसियत के बाहर थी। इसलिए उस बेचारे ने हाथ जोड़ने, पाँव पड़ने का काम शुरू कर दिया। यह भी वादा किया कि धीरे-धीरे करके रकम चुका देंगे। इसमें यह अर्थ तो रहता ही है कि अमानत में हमारी लड़की आपकी कैद में है ही। पैसा नहीं दें, तो आप उस पर तेल डालकर उसे जला सकते हैं!

साधो, यह आम बात है। जो खास इस मामले में है, वह यह कि दबी हुई लड़की ने मिथ्या-लाज त्यागी और वह रुद्र होकर निकल पड़ी। उसने कह दिया—

मैं इस आदमी से शादी करूँगी ही नहीं। इससे लाचार बाप की झुकी रीढ़ की हड्डी भी सीधी हो गई। वह थाने गया और रिपोर्ट कर दी कि बराती पैसा माँग रहे हैं। पुलिस फौरन आई और बरातियों को पकड़कर हवालात में डाल दिया। उनके खाने के लिए जो मीठे, नमकीन पकवान बने थे, वे दूसरों को खिलाए गए होंगे। बराती रात भर थाने में फर्श पर भूखे पड़े रहे होंगे। दूसरे दिन अदालत में पेश किए गए होंगे। बाकी तो छोड़ दिए गए होंगे। वर, पिता, चाचा, मामा पर केस कायम हो गया होगा।

साधो, ऐसा समाचार छपता है, तो आम आदमी की रगों का पानी खून बनकर गर्म होकर दौड़ने लगता है। मुझसे जो भी मिले, कहने लगे—बड़ी बहादुर लड़की है। बाप ने भी बड़ी हिम्मत दिखाई। साले आदमखोरों की मंडप में अच्छी पिटाई भी करनी थी। ऐसी ही एक घटना साल भर पहले यहीं एक शहर में घट गई थी। लड़की एम. ए., बी. एड. और हाई स्कूल में अध्यापिका। सुन्दरी युवती। पति परमेश्वर एक मिल में सुपरवाइजर। बरात के स्वागत के लिए काफी बढ़िया इन्तजाम किया था। इज्जतदार लोग बरात की अगवानी के लिए तैयार थे। इधर वर के बाप ने खबर भेज दी कि पचीस हजार और लगेंगे—यानी हफ्ते भर में ही बैलों के बाजार में रेट चढ़ गया था। जवाब में देरी देखकर वर के बाप और चाचा जा धमके और रुपए माँगे। लड़की के बाप ने कहा—एक तो इतना तय नहीं हुआ था। जो तय हुआ है, वह मैं देता जा रहा हूँ। पचीस हजार टीके में दे ही आए थे। बाकी अब देंगे। मगर ऊपर से पचीस हजार का इन्तजाम इसी वक्त मैं नहीं कर सकता। वर के पिता लौटे तो वर पर वीर रस सवार हो गया। वर ने दो-तीन दोस्तों के साथ शराब पी और नशे में कार में बैठकर वधू के दरवाजे पर पहुँचे, उसके पिता को गालियाँ दीं और रुपए फौरन माँगे। अब परिवार सलाह करने बैठा। लड़की ने कहा—मैं तो अब उस जानवर से शादी नहीं करूँगी। परिवार के लोगों ने भी तय किया कि ऐसे घर में लड़की नहीं देंगे। जनवासे में खबर भेज दी गई कि लड़की की शादी नहीं करेंगे। आप लोग फौरन जनवासा खाली कीजिए। हमें किराया लग रहा है।

साधो, अब माहौल बदला। वर के पिता ने वधू के पिता के हाथ जोड़े, पाँव पड़े कि शादी कर दीजिए। हमें और पचीस हजार नहीं चाहिए। लड़की के पिता ने कहा—मेरी बेटी ने शादी से इनकार कर दिया है। अब वर की दारू उतर गई। उन्होंने लड़की के चरणों पर अपना मस्तक रख दिया, उनके बाप ने हाथ जोड़कर कहा—हमारी इज्जत बचा लो। हम शहर में परसों प्रीति भोज के कार्ड बाँट आए हैं। लड़की ने कहा—आप लोगों ने हमारी इज्जत का जो किया है, वही हाल आपकी इज्जत का होने दो! टीके में जो पचीस हजार लिये थे, वे वापस करो और लौट जाओ।

साधो, आखिर वर के बाप ने कहा—ठीक है, हम लौट जाते हैं। मगर वे चढ़ावे के जेवर तो वापस कर दीजिए। कन्या के बाप ने कहा—वे जेवर तब वापस होंगे, जब हमारे वे पचीस हजार वापस हो जाएँगे।

साधो, वर वालों का संकट यह था कि वे जेवर दूसरों से माँगकर लाए थे। दूसरे दिन वे पचीस हजार देकर जेवर वापस ले गए।

साधो, नारी-जागरण के कारण, पिछले तीन-चार सालों के आन्दोलनों के कारण, सर्वोच्च न्यायालय द्वारा नारी पीड़न पर तत्पर कठोर कार्यवाही के कारण, नारी में अधिकार व सम्मान की चेतना पैदा हुई है। ऐसी साहसी लड़कियों के साहस का समाचार छपता है, तो लोग खुश होते हैं। मगर दहेज के लोभ में बैठे लोलुप परेशान होते हैं कि देखो, अब लड़कियाँ भी इतनी ढीठ और मुँहफट हो गई हैं।

साधो, मगर सवाल सिर्फ जय-जयकार का नहीं है। ज्यादा ठोस है—इन लड़कियों से वीरांगनाएँ बनाई जा रही हैं, शादी कौन करेंगे। लड़कों की माँ सोचेंगी—ऐसी लड़की कंट्रोल में नहीं रहेगी। घर में निभेगी कैसे? असल में सास ऐसी बहू चाहती है, जिसे वह रोज दमचे और बहू चूँ नहीं करे। बिल्ली पिटने पर घर में चूँ कर सकती है, पर बहू नहीं। अब रही बात यह कि आदर्शवादी साहसी युवक आगे आएँगे कि हम बिना लेन-देन के शादी करेंगे। मगर कबीर देख चुका है कि बाहर वीर आदर्शवादी क्रान्तिकारी बनने वाले अक्सर विवाह मंडप में मेमने बन जाते हैं या भेड़िए। मगर हालत पूरी तरह निराशा की नहीं है। हमारे यहाँ काफी मजबूत युवक भी हैं। कई युवकों ने वहीं उस लड़की से शादी कर ली है। ऐसे युवकों की संख्या बढ़ेगी। मगर उन युवकों से आशा बेकार है, जो बिना रीढ़ की हड्डी के केंचुए हैं। ज्यादा संख्या इन केंचुओं की है।

साधो, दहेज काले धन के साथ बढ़ रहा है। यह पूरी भ्रष्ट अर्थव्यवस्था और अमानवीय जीवन-मूल्यों से सम्बन्धित है। यह इस पूरी अन्यायी व्यवस्था के साथ ही खत्म होगा। पर फिर भी व्यक्तिशः एक लड़की और उसके पिता यह साहस दिखाएँ, तो हजारों की हिम्मत बढ़ती है।

[27 मार्च, 1984]

जार्ज, बीजू जिया के दरबार में

साधो दुनिया के इतिहास में कभी कहीं भी ऐसा नहीं हुआ। आदिम युग से लेकर अभी 1984 तक ऐसा कभी नहीं हुआ। मगर भारत में वह होता है, जो कभी नहीं होता। यह देश अपनी महानता और विशिष्टता की रक्षा बराबर करता जा रहा है।

साधो, कभी ऐसा होते सुना है कि कोई देश पड़ोसी देश पर हमले की तैयारी कर रहा हो? हथियारों का भंडार कर रहा हो? दूसरे महादेश से हथियार ले रहा हो? उसका तीन बार हमले का रिकॉर्ड हो। जिससे 35 सालों से सम्बन्ध खराब चल रहे हों। इधर पड़ोसी देश की सरकार कह रही हो कि हमें उस देश से हमले का खतरा है। वह लड़ाई की तैयारी कर रहा है। हमारे पास गुप्त जानकारी है। हमें अपनी रक्षा की तैयारी करनी चाहिए। हमें सावधान रहना चाहिए। लोग भी यही कहते हों। अधिकांश राजनेता भी यही कहते हों। तब दो राजनेता उस राजा के पास जाकर कहें—हुजूर हमें यह बता दीजिए कि आप हमसे लड़ाई करेंगे कि नहीं।

हमारे देश में सरकार और कई जानकार लोग कहते हैं कि आप लड़ाई करेंगे। मगर हमें उनका भरोसा नहीं है। हम आप पर भरोसा करते हैं। आपका रिकॉर्ड सचाई का है। आप जो कहेंगे, हम मान लेंगे और अपने देशवासियों से कह देंगे। हुजूर, दस्तबस्ता अर्ज है कि हमें सच बता दीजिए कि आप हम पर हमला करेंगे या नहीं।

साधो, वह राजा क्या कहेगा? अगर उसे हमला करना है तो क्या वह कह देगा कि हाँ, हम हमला करेंगे? वह तो यही कहेगा कि हम कतई हमला नहीं करेंगे। हम तो शान्ति-प्रेमी हैं। तो ये दस्तबस्ता खिदमतगार कहेंगे—जहाँपनाह, आपने कह दिया तो हमें भरोसा हो गया। हमारी सरकार, नेता और जनता सब झूठ बोलते हैं। अब हम लौटकर अपने देशवासियों से कहेंगे कि सरकार झूठ बोलती है, ये पार्टियाँ झूठ बोलती हैं, बुद्धिमान जानकार लोग झूठ बोलते हैं। हुजूर तो हमसे बहुत मुहब्बत करते हैं। उन्होंने हमें गले लगा लिया और उनकी आँखों में मुहब्बत के आँसू आ गए। वे कभी हमले की नहीं सोचते।

साधो, तुम कहोगे कि गप्प मार रहे हो। यह कहाँ किस लोक की कथा है? कहीं कोई ऐसा करता भी है! ये लोग किस शताब्दी में हुए थे। कहाँ हुए थे? ये पागल थे कि मूर्ख थे? जिसके होशो-हवास दुरुस्त हों, वह तो ऐसा नहीं करेगा।

साधो, ये इसी धरती के महान सपूत हैं। हमारे ही राष्ट्र के गौरव हैं। इनमें एक का नाम है जार्ज फर्नांडिस और दूसरे का बीजू पटनायक। दोनों जनता पार्टी के बड़े नेता हैं। ये दोनों जनरल जिया उल हक के दरबार में हाजिर होकर अभी लौटे हैं और बयान दे रहे हैं कि तानाशाह जिया शान्ति-प्रेमी हैं। वे भारत से दोस्ती चाहते हैं। उन्होंने हमसे कहा कि आप बेफिक्र रहें, मैं लड़ाई नहीं करूँगा। तुम चाहो तो हमारे फौजी ठिकानों को देख लो। यह भारत सरकार झूठा हल्ला कर रही है कि पाकिस्तान की तरफ से हमले का खतरा है।

साधो, तुम पूछोगे कि ये दोनों लोग होते कौन हैं? ये किस खेत की मूली हैं? अगर जनरल जिया ने इनसे बात की तो इनकी हैसियत क्या है? ये किसके प्रतिनिधि हैं? ये भारत के प्रतिनिधि कैसे बन गए? अगर जिया को हमला करना है, तो क्या वह बताकर करेगा? पहले से सूचना देकर करेगा? युद्ध कोई मेहमाननवाजी है क्या? सच बताओ गुरु, ये दोनों बेवकूफ हैं कि पागल हैं?

साधो, ये दोनों अकेले नहीं हैं। ये जनता पार्टी की तरफ से भेजे गए थे। इसमें सहमति भारतीय जनता पार्टी की भी थी। ऐसा है कि जब पूरा चाँद चमकता है, तब साधारण सनकी का पागलपन बढ़ जाता है। 'ल्यूना' चन्द्रमा को कहते हैं लेटिन में। पागल को इसीलिए 'ल्यूनेटिक' या 'मून स्ट्रिकन' कहते हैं। इस समय आम चुनाव का चाँद पूरा आसमान में है। कभी भी चुनाव हो जाएँगे—ऐसा लोग सोचते हैं। तो जो दक्षिणपन्थी पार्टियों के नेता चुनाव जीतकर सरकार बनाना चाहते हैं, उनके

दिमाग पर चुनाव के पूरे चाँद का असर पड़ गया है। ये सोचते हैं कि हमले के खतरे की इस हवा में इन्दिरा कांग्रेस चुनाव जीत जाएगी। इसलिए जिया से मिलकर आओ और प्रचार करो कि इन्दिरा गांधी झूठ बोलती हैं। भ्रम पैदा कर रही हैं। युद्ध का कोई खतरा नहीं है। लोगो! तुम हमें वोट देकर हमारी सरकार बनवाओ।

साधो, तुम कहोगे—गुरु, क्या इन्हें यह दिखता नहीं है कि हमारे चारों तरफ फौजें तैनात हैं। अमेरिकी फौजों ने हमारे देश को घेर रखा है। पाकिस्तान अमेरिका को फौजी अड्डे की सुविधा दे चुका। बांग्लादेश भी दे देगा। श्रीलंका में अमेरिका है ही। सारे हिन्द महासागर में अमेरिकी फौजें और राकेट तथा मिसाइलें हैं। अमेरिका भारत की नीतियों से नाराज है, यह सबको मालूम है। क्या ये नेता इतने भोले हैं कि नहीं जानते? साधो, ये भोले नहीं हैं। ये चालाक हैं। ये सब जानते हैं। अब तुम पूछोगे—गुरु, अगर ये सब जानते हैं, तो देश की जनता को भ्रम में रखकर अपने ही देश पर हमला क्यों आमंत्रित करते हैं। क्या ये देशभक्त हैं?

साधो, इनकी देशभक्ति पर शक नहीं करना चाहिए। बात यह है कि ये अमेरिका की विश्व राजनीति से जुड़े हैं। ये जो भी काम कर रहे हैं, वही कर रहे हैं, जो अमेरिका शासन चाहता है। अमेरिका को जनता पार्टी, भारतीय जनता पार्टी, लोकदल वगैरह की सरकार हर कीमत पर अगले चुनाव के बाद चाहिए। इस सरकार की स्वाधीन नीति, रूस से दोस्ती, साम्राज्यवाद-विरोध अब अमेरिका को बरदाश्त नहीं है।

साधो, इस तरह समझ लो कि जिया उल हक और याकूब खाँ जो करते और कहते हैं, बीजू, जार्ज, अटलबिहारी, डॉ. स्वामी जो करते और कहते हैं, उसकी योजना वाशिंगटन में बनती है।

साधो, मेरी सलाह है कि बीजू पटनायक, जार्ज वगैरह सीधे राष्ट्रपति रीगन के दरबार में हाजिरी दें। डॉ. स्वामी को जरूर साथ ले जाएँ। अटलबिहारी को जाने की जरूरत नहीं है, क्योंकि कई सालों से अमेरिकी शासक और उनकी पार्टी के आध्यात्मिक सम्बन्ध चल रहे हैं।

[1 अप्रैल, 1984]

संयुक्त विरोध का अध्यात्म

साधो, यों सब ठीक चल रहा था। मगर आदमी की जगह जो यह कम्प्यूटर खड़ा कर दिया है इन्दिरा कांग्रेस ने, इसने गड़बड़ पैदा कर दी। अभी दिल्ली में नेताओं की सेवाओं की जानकारियाँ कम्प्यूटर के दिमाग में डाली गईं और उस मशीन ने तपोदूत, निःस्वार्थ सेवक, निष्ठावान पार्टीमैन, प्रभावशाली नेता और सच्चे कार्यकर्ता तय करके बताए। जिन्होंने अपने को सौ नम्बर दे लिये थे, उन्हें कम्प्यूटर ने दो नम्बर दिए। तपस्वी को कम्प्यूटर ने भोगी बता दिया। जिन्हें नब्बे फीसदी वोट मिलने थे, उन्हें कम्प्यूटर ने दस बताए। इस मशीन ने संगठन की सारी पवित्र नैतिकताओं को नष्ट कर दिया, परम्पराओं को तोड़ डाला, बलिदानियों को नंगा कर दिया। अगर कम्प्यूटर के साथ 'लाई डिटेक्टर' (झूठ का पता लगाने वाला यंत्र) भी लगा दिया, तो कांग्रेस की 35 सालों की पवित्र परम्पराएँ नष्ट हो जाएँगी। हमारी राष्ट्रीयता पर इस पश्चिमी टेकनीक के हमले का विरोध हर कांग्रेस के सच्चे

सिपाही को करना चाहिए। यह तकनीक अगर मानी गई तो जिन्होंने वर्षों पहले टिकिट रिजर्व करा लिया है, उनका टिकिट कट जाएगा। उन्हें डब्बे की छत पर या पहियों के नीचे राजनीतिक यात्रा करनी पड़ेगी।

साधो, चिन्ता की बात यह है कि इधर दूसरी तरफ अगर कुछ उत्साही लोगों ने कम्प्यूटर की माँग कर दी तो क्या होगा? इधर सब कुछ ऐसा हो रहा है, जिसे कोई विज्ञान न पकड़ सके—न राजनीतिक विज्ञान, न अर्थ-विज्ञान, न समाज-विज्ञान, न भूगोल-विज्ञान, न कूटनीति-विज्ञान। अहं-विज्ञान, जाति-विज्ञान, धर्मांध-विज्ञान, छल-विज्ञान, गुट-विज्ञान, सिद्धान्तहीनता-विज्ञान, तालमेल-विज्ञान से विरोधी दल, गुट और नेता काम कर रहे हैं। इन विज्ञानों के सामने मानव जाति के अब तक के उपलब्ध सब विज्ञान तुच्छ हैं। यहाँ अगर कम्प्यूटर आ गया तो विरोधी राजनीति का खटारा ट्रक पलट जाएगा। एक्सीडेंट हो जाएगा। घटनास्थल पर कई मर जाएँगे, कई अस्पताल में होंगे। साधो, हमारी सलाह इन साधुओं को है कि विरोध-पक्ष में कम्प्यूटर कतई नहीं आना चाहिए। अटलबिहारी को भारतीय संस्कृति पर यह हमला नहीं होने देना चाहिए। अगर कम्प्यूटर ने फैसला दिया तो गांधीवाद और समाजवाद साफ हो जाएँगे। गोडसे और संघ की शाखा भारतीय जनता पार्टी के मूल्यांकन में निकलेगी। चरणसिंह, जो साबुन नहीं लगाते, कम्प्यूटर को कैसे बरदाश्त करेंगे? वे अभी अपने को सर्वश्रेष्ठ राजनीतिज्ञ मानते हैं। कम्प्यूटर उन्हें राजनीतिक ज्ञान से शून्य बता देगा। चरणसिंह, मोरार जी, जगजीवनराम लोकोत्तर सिद्धि-प्राप्त हैं। ये किसी विज्ञान के वश में नहीं आए हैं।

साधो, आओ अब जरा हम इन सबकी सहायता करें, जिससे आगामी चुनाव में इनकी आदर्श प्रजापालक सरकार बन जाए। थूक देना और फिर उसे नहीं चाट सकना—यह एक नैतिक कठिनाई होती है। मगर खुशी की बात है कि इनमें किसी के साथ यह संकट नहीं है। अपने थूके को धूल में से ये रसगुल्ले की तरह फिर मुँह में डाल लेते हैं। चरणसिंह को तो इसका पुराना अभ्यास है। वे राष्ट्रीय स्वयंसेवक संघ के मामले में अभी ऐसा कर चुके हैं। जरूरत पड़ी तो दुबारा थूक सकते हैं। इसी तरह चन्द्रशेखर पहले कई बार कह चुके हैं कि जब तक भारतीय जनता पार्टी अपने को आर.एस.एस. से नहीं छुड़ाती, हम समझौता नहीं करेंगे। मगर बार-बार एक वाक्य और कहते हैं—राजनीति में अछूत प्रथा नहीं चलती। यानी वे भारतीय जनता पार्टी का अछूतोद्धार करने को तैयार हो सकते हैं, अगर वह थोड़ा-सा 'मेकअप' कर ले।

साधो, अब तुम कहोगे कि चन्द्रशेखर ने दोनों साम्यवादी पार्टियों का साथ ले रखा है और इसमें भी बड़ी शर्त भारतीय जनता पार्टी को न छूने की है। मगर ब्राह्मण जब कसाई को गाय बेचता है, तब गाय की रस्सी उसके हाथ में नहीं देता। वह रस्सी जमीन पर रख देता है और कसाई भी कीमत जमीन पर रख देता है। इससे ब्राह्मण

को गौहत्या का पाप नहीं लगता। मार्क्सवादी कम्यूनिस्ट पार्टी के बदलते बयान हम पढ़ते रहते हैं। मार्क्सवादियों को भी इन्दिरा-विरोध के मामले में अछूत प्रथा पसन्द नहीं है। तो ये ब्राह्मण कसाई को गाय देते वक्त दूसरी तरफ देख सकते हैं। कह सकते हैं—हम कहाँ कर रहे हैं। वह तो पाँच पार्टी का मुखिया चन्द्रशेखर कर रहा है। अब रही कम्यूनिस्ट पार्टी ऑफ इंडिया। तो अभी तो राजेश्वर राव उधर भी कड़े हैं, इधर भी कड़े हैं। वे समझौता न करें। पर 'एडजस्टमेंट' नाम का भी एक शब्द है—यह वे न करें, चन्द्रशेखर करें। उधर बाला साहब देवरस ने कह दिया है—भारतीय जनता पार्टी से संघ को कोई मतलब नहीं है। हमारा तो सांस्कृतिक संगठन है। तो साधुओं की सलाह यह है कि प्यारो, तालमेल जमा लो। सिद्धान्त तो होली में जल चुके और उनकी राख भी उड़ गई।

साधो, मगर कठिनाइयाँ और भी हैं। एक कठिनाई चरणसिंह हैं। उन्हें राष्ट्रीय लोकतांत्रिक मोर्चे में अड़चन होने लगी है। उनके वफादार साथियों जैसे—सत्यपाल मलिक को अटलबिहारी ने तरकीब से उनसे काट दिया। समाजवादी कटकर पहले ही जनता पार्टी में चले गए थे। चरणसिंह जहाँ होंगे सबसे महत्त्वपूर्ण सर्वोच्च होंगे। चर्चिल सरीखे हैं वे आत्म-महानता के बारे में। चर्चिल के बारे में कहा जाता था—अगर वे बरात में होंगे, तो दूल्हा होंगे। अगर शवयात्रा में होंगे तो मुर्दा होंगे। चरणसिंह जनता पार्टी की तरफ मुँह करते हैं, मगर वहाँ चन्द्रशेखर अध्यक्ष हो गए हैं। उधर जनता पार्टी के समाजवादी अड़चन में हैं और फिर चौधरी से आँखें मिला रहे हैं।

साधो, बहुगुणा ने भी पाप धो लिए। चरणसिंह जब गृहमंत्री थे, तब बहुगुणा को रूसी एजेन्ट कहा था। हाल में बहुगुणा ने रूस सरकार की आलोचना करके गुलाबी दाग भी धो डाला और वे शुद्ध राष्ट्रीय होकर किसी भी बड़े संयुक्त मोर्चे के नेता बन सकते हैं, बशर्ते चन्द्रशेखर और वाजपेयी उन्हें बनने दें। ऐसे में अपने बाबू जी जगजीवनराम दीन भाव से सड़क पर बैठे कपड़ा बिछाए हैं।

अब साधो, रहे दक्षिण के फिल्मी नेता। ये आपस में झगड़ने लगे हैं। यह शुभ लक्षण है। भगवान आपस में लड़ें तो भक्तों का भला होता है।

साधो, बेफिक्र रहो। 1977 सरीखा पवित्र गठबन्धन हो जाएगा, क्योंकि देश को बचाना ही है। नाम कई हैं। कोई भी नाम दे देंगे, इस विजयवाहिनी को। सरकार बन गई तो साल-डेढ़ साल चल जाएगी। प्रधानमंत्री हर हफ्ते कम्प्यूटर तय करेगा। राजनीतिक सिद्धान्त और विवेक का संयुक्त मोर्चा वही होता है जिसमें हर एक छिपकली हो और हर कीड़ा भी हो।

[3 अप्रैल, 1984]

बूटासिंह धर्मवीर हो गए

साधो, ये दूसरे बूटासिंह हुए। ये केन्द्र में मंत्री हैं, जिन्हें सिख प्रमुख ग्रन्थियों ने पन्थ से निकाल दिया। ये बूटासिंह धर्म पर शहीद हो गए। उन्होंने सच्चा धर्म इसे माना था कि अकाल-तख्त की मरम्मत में बाबा सन्तासिंह की सहायता करनी चाहिए, जिसमें यह धार्मिक भवन अपने पहले की शान पर आ जाए। पर मठाधीशों ने इसे उनका दुराचरण माना और उन्हें तनखैया घोषित कर दिया। अभी हाल में इन्हीं ग्रन्थियों ने बूटासिंह को पन्थ से बाहर निकाल दिया। बूटासिंह उस धर्म पर शहीद हो गए जिसे वे सच्चा धर्म मानते थे।

साधो, मेरी पीढ़ी में से कुछ को याद होगा कि देश के विभाजन के बाद एक बूटासिंह का नाम समाचारों में बहुत उछला था। विभाजन के बाद जो मारकाट और भगदड़ हुई उसमें परिवारों के सदस्य बिखर गए। पंजाब में एक मुसलमान युवती अपने परिवार से बिछुड़ गई, वह समझी कि मेरे माँ-बाप बहुत करके दंगों में मारे

गए, एक सिख युवक बूटासिंह ने उसकी रक्षा की। दो-तीन साल उसे रखा फिर दोनों ने अपनी इच्छा से विवाह कर लिया। खोज-बीन से पता लगा कि युवती के माता-पिता पाकिस्तान पहुँच गए। उन्होंने अपनी लड़की को वापस बुलाने की कार्यवाही की और उसकी इच्छा के विरुद्ध उसे माँ-बाप के पास ले जाया गया। बूटासिंह ने पाकिस्तान जाकर मुकदमा किया, कि यह मेरी विवाहिता पत्नी है, यह मेरे साथ रहना भी चाहती है, इसे मेरे साथ जाने दिया जाए। युवती ने भी बयान दिया कि मैंने अपनी इच्छा से बूटासिंह से विवाह किया है और मैं उसकी पत्नी हूँ। लेकिन पाकिस्तान-हिन्दुस्तान दोनों में धार्मिक उन्माद था। इस उन्माद के वातावरण में नफरत की राजनीति भी शामिल हो गई। कठमुल्लों ने मजहब के नाम पर शादी को गैर-इस्लामी करार दे दिया और बूटासिंह हार गए। वे उस स्त्री को बहुत प्रेम करते थे, उन्होंने अदालत में ही अपने को छुरा मारकर आत्महत्या कर ली।

साधो, उन बूटासिंह पर जो गुजरी, उसका कारण भारत और पाकिस्तान के बीच की जहरीली राजनीति, धार्मिक उन्माद और धर्म के प्रवक्ता बन बैठे मुल्ला-मौलवियों की जड़ता तथा हठवादिता था। वे यह मानने को तैयार ही नहीं थे कि सच्चा धर्म वह है जिसे बूटासिंह ने निभाया। वे यह भी नहीं मान सकते थे कि उनका अपना आचरण धर्म के विरुद्ध है।

साधो, ये अब दूसरे बूटासिंह हुए जो दिल्ली सरकार में कृषि मंत्री हैं। बूटासिंह ऊँची जाति के नहीं हैं। वे न जाट हैं न खत्री, वे एक तरह से आधे समाज से वैसे ही बाहर थे। गुरु लोग, पैगम्बर, रसूल, ईश्वर का बेटा, ईसु ने, सबने पूरी कोशिश की कि मनुष्य-मनुष्य में भेद न रहे, कोई ऊँच-नीच न हो मगर सिखों में जाट, राम गड़िया, खत्री वगैरह हैं। मुसलमानों में अगर सैयद साहब से कहा जाए कि लड़के की शादी अंसारी की लड़की से कर दीजिए तो वे गुस्से से कहेंगे—क्या बात करते हो जी। हम उस नीची जात में शादी नहीं करेंगे। ईसाई हो जाने से भी सब बराबर हो जाते हैं! यह गलत है। वे जाति-भेद और ऊँच-नीच लेकर ईसाई होते हैं। एक बहुत योग्य और ऊँची नौकरी पर लगे हुए ईसाई युवक की शादी का प्रस्ताव दूसरे ईसाई परिवार की लड़की से किया गया। लड़की के परिवार वालों ने कहा—ये कैसे हो सकता है, हम ब्राह्मण ईसाई हैं और वे गौड़ ईसाई हैं!

साधो, धर्म-ग्रन्थों के उपदेश ठीक हैं। गुरुओं, अवतारों और रसूल के इरादे भी बहुत अच्छे हैं। पर एक घर जोड़ने की माया होती है। हजारीप्रसाद द्विवेदी का एक लेख है—'घर जोड़ने की माया'। उन्होंने लिखा है कि कबीरदास ने तो तंत्र-मंत्र का विरोध किया पर कबीरपन्थियों ने दातौन करने और पाखाना जाने के भी मंत्र बना लिए। कबीर का बेटा कमाल कुछ सामान घर में ले आया था तो गुरु ने कहा—डूबा वंश कबीर का, उपजे पूत कमाल। पर कबीरपन्थियों के मठों में माल-ही-माल है।

सच्चा धर्म भी आखिरकार मन्दिर, मस्जिद, गुरुद्वारे और गिरजाघर की दीवारों से बन्द कर दिया जाता है। धर्म पर अधिकार पुरोहित वर्ग का हो जाता है और यह पुरोहित वर्ग अन्धविश्वास, लोभ, डर तथा राजनीति के दबाव में अधर्म को धर्म मानने लगता है। यूरोप में वैज्ञानिक गैलीलियों ने सिद्ध किया कि सूर्य स्थिर है और पृथ्वी उसके आसपास घूमती है परन्तु पादरियों की अदालत ने कहा कि गैलीलियो की बात धर्म के विरुद्ध है। धर्म के अनुसार पृथ्वी स्थिर और सूर्य उसके आसपास घूमता है। गैलीलियो, जो बहुत बूढ़ा था, ने पादरियों के सामने तो उनकी बात मान ली पर बाहर निकलकर कहा कि पृथ्वी ही घूमती है।

साधो, सिख-पन्थ में दुराचार के लिए किसी को 'तनखैया' घोषित करने का प्रावधान है। कोई जुआ खेले, शराब-खोरी करे, व्यभिचार करे, समाजविरोधी काम करे, तो उसे तनखैया घोषित करके सजा देनी चाहिए, पर गुरुओं के उपदेश और पन्थ के अच्छे नियम तो पड़ गए हैं अकाली राजनीति से प्रेरित ग्रन्थियों के हाथ में। इसलिए उन्हें धर्म अधर्म दिखने लगा है।

साधो, बाबा सन्तासिंह ने अकाल तख्त की मरम्मत करते हुए कहा था कि ये इमारतें हैं। टूट जाती हैं और फिर बन जाती हैं। उनका मतलब था कि इमारत या स्थान या उसकी माया धर्म नहीं है। सन्तासिंह पहले से ही निकाले हुए हैं। बड़ी खुशी की बात यह है कि ज्ञानी-ज्ञानी में मतभेद हो गए हैं। गुरुद्वारा पटना साहेब के मुख्यमंत्री वयोवृद्ध जत्थेदार मानसिंह ने कहा है कि बूटासिंह को निकालने का फैसला राजनीतिक है और उसे सिख धर्म और परम्परा का समर्थन नहीं है। इस फैसले को सिख-पन्थ का हुक्मनामा नहीं माना जा सकता। दूसरे भूतपूर्व ग्रन्थी उमरावसिंह तथा बेअंतसिंह ने कहा है कि बूटासिंह सच्चे सिख हैं। उनकी सराहना करने की बजाय उन्हें सजा देकर प्रमुख ग्रन्थियों ने गलत किया है। ग्रन्थियों में मतभेद होना बड़ा शुभ लक्षण है।

[7 अप्रैल, 1984]

अकाली हिंसा और राजनीतिक कपट

साधो, दिल्ली में अकाली (तारसिंह) नेता मनचन्दा और अमृतसर में भारतीय जनता पार्टी के नेता खन्ना की हत्या की सबने निन्दा की है। मजे की बात यह है कि बस अकाली उग्रवादियों की तो सिर्फ 'निन्दा' करते हैं, मगर सरकार पर 'हमला' करते हैं। उग्रवादियों पर हमला नहीं करते। कहते हैं—यह निन्दनीय है। मिल-बैठकर समझौता कर लो। मगर धिक्कार है इस सरकार को जो समस्या का हल नहीं करती!

साधो, अकाली दल एक राजनीतिक पार्टी है, धार्मिक संगठन नहीं। इसे बहुत कम सिखों का समर्थन है। इसलिए यह राजनीतिक पार्टी धर्म और पन्थ को भी लेकर सिखों में धार्मिक उन्माद पैदा करके अपनी माँगें मनवाना चाहती है और पंजाब में अपनी सरकार बनाना चाहती है। भारतीय जनता पार्टी राष्ट्रीय स्वयं सेवक संघ का राजनीतिक मोर्चा है। सारे कपट, मुखौटा, गांधीवाद और समाजवाद के बावजूद यह पार्टी हिन्दू धर्म और सम्प्रदाय का उन्माद पैदा करके राजनीतिक फायदे चाहती है।

साधो, इन दोनों में समानता है। दोनों दल पुनरुत्थानवादी हैं और पीछे ले जाना चाहते हैं। दोनों को लोकतंत्र अनुकूल नहीं पड़ता। दोनों के पास प्राइवेट फौजें हैं। दोनों के आतंकवादियों के पास मोटर साइकिलें और हथियार हैं। दोनों आतंक में विश्वास करते हैं। साधो, अकाली दल और भारतीय जनता पार्टी दोनों बड़ी चतुराई से पंजाब में तालमेल बिठाकर अभी तक चल रही हैं। आपस में टकराना नहीं। दोनों का मिलकर केन्द्र सरकार पर हमला करना। समस्या को पैदा करना, बढ़ावा देना और हल न करने की सारी जिम्मेदारी केन्द्र सरकार पर डाल देना है। सन्त लोंगोवाल बयान दे चुके हैं—हमारे दो दुश्मन हैं, केन्द्र की कांग्रेस सरकार तथा कम्यूनिस्ट। आर.एस.एस. के सरकार्यवाहक राजेन्द्रसिंह भी बयान दे चुके हैं—कांग्रेस तो कोई पार्टी नहीं है, एक व्यक्ति है। हमारी असली और आखिरी लड़ाई कम्यूनिस्टों से होगी।

साधो, भारतीय जनता पार्टी बाहर अकालियों का समर्थन करती है। सरकार को समझौता नहीं करने के लिए दोष देती है। मगर जब प्रधानमंत्री समझौते के लिए अकाली नेताओं, विरोधी नेताओं को बुलाती है और समझौते के आसार दिखते हैं, तब अटलबिहारी कुटिलता से टाँग मार देते हैं और अकाली नेता भी किसी बहाने से उठ जाते हैं। यह मिलीभगत है। समझौता दोनों नहीं होने देना चाहते। दोनों आन्दोलन चाहते हैं। आन्दोलन से राजनीतिक फायदे हैं। समझौते से नहीं। और रोज बेकसूर आदमी मारे जाते हैं। स्त्री और बच्चे तक मारे जा रहे हैं। हिंसा की फासिस्टी राजनीति में आदमी चींटा-चींटी होते हैं।

साधो, अब अकाली हिंसक दस्ते ने भारतीय जनता पार्टी के नेता को मार डाला। हम इसकी निन्दा करते हैं। यह जानवरों का काम है। भारतीय जनता पार्टी को चिन्ता हुई। मगर इस चिन्ता का मुँह किस तरफ है? अटलबिहारी बाजपेयी के मुँह से अकाली आतंकवादियों का नाम नहीं निकला, न उनके सिपहसालार भिंडरावाला का। भारतीय जनता पार्टी ने पंजाब और दिल्ली बन्द करवाया सो किसके खिलाफ? जिन्होंने मारा उनके खिलाफ नहीं। यह बन्द भी सरकार के खिलाफ। भारतीय जनता पार्टी को अपने लोगों के मरने की कोई चिन्ता नहीं है। उसे सरकार और कांग्रेस पार्टी को बदनाम करके, उसके खिलाफ यह वातावरण बनाकर कि वह हिन्दुओं की रक्षा नहीं कर रही है, आगामी चुनाव में वोट लेना है।

साधो, लोंगोवाल ने भी कुछ दिन पहले बयान दिया था—पंजाब के बाहर बसे सिखों की रक्षा सरकार नहीं कर रही है। अब कोई बताए, कोई सिख ही बताए कि सारे भारत में रह रहे सिखों में से किसी एक को भी छुआ गया है। सिख सारे भारत में भाईचारे के साथ मजे में धन्धे कर रहे हैं और नौकरियाँ कर रहे हैं। सिख की जान को खतरा पंजाब में ही है, बाकी भारत में नहीं। और यह खतरा अपने ही पन्थ के हिंसक दस्तों से है। आखिर मनचन्दा भी तो सिख थे। डी. आई. जी. अटवाल भी

सिख थे और स्वर्ण मन्दिर में मारे गए थे। लोंगोवाल बदमाशी का बयान देकर यहाँ के सिखों की हालत क्यों खराब करते हैं ? यहाँ के सिखों को हिम्मत से बयान देना चाहिए—'ऐ लोंगोवाल और भिंडरावाले, अपनी जबान हमारे बारे में मत खोलो। तुम्हें जो करना है, वही करो। हम इधर चैन से हैं। हमें क्यों अड़चन में डालते हो ? तुम हमारे नेता नहीं हो। हमारी तरफ से बोलने का तुम्हें कोई हक नहीं है।' ऐसा बयान जगह-जगह से यहाँ के सिखों को देना चाहिए।

साधो, मेरे बहुत दोस्त पंजाब में हैं। सिख भी हैं और गैर-सिख भी। वे प्रोफेसर हैं, लेखक हैं। वे इधर आए भी। पिछले हफ्ते अमृतसर के ही प्रोफेसर आए थे। उन्होंने बताया कि पंजाब में शहर हो या गाँव, हिन्दू और सिख भाईचारे से रह रहे हैं। ये कुछ उपद्रवी आतंकवादी हैं जो अराजकता मचाए हैं। लोग इनसे डरते हैं और नफरत करते हैं।

साधो, मैंने पूछा कि ये संविधान के आर्टिकल 25 में संशोधन कराके हिन्दू की परिभाषा से अलग क्यों होना चाहते हैं? उन्होंने कहा—इस कानून में बाप की जायदाद में बेटी का भी हिस्सा होता है। ये लोग लड़कियों को जायदाद में हिस्सा नहीं देना चाहते हैं। दूसरा कारण यह है कि ये एक से अधिक शादी करना चाहते हैं। मेरा ख्याल है, सिख औरतों को इसका विरोध करना चाहिए।

साधो, अब हालत यह है कि सरकार या कोई भी समझौते की बातचीत किससे करे ? सन्त लोंगोवाल से ? प्रकाशसिंह बादल से ? नहीं। ये अब नेता नहीं रहे। इनके हाथ से नेतागीरी छिन चुकी। ये नरम पड़ेंगे तो इनको ही मार डालेंगे। ये भी 'हिट लिस्ट' में होंगे।

साधो, मामला साफ है। यह सब उस गुप्त योजना के मुताबिक हो रहा है, जो वाशिंगटन में सी.आई.ए. ने बनाई थी। यह योजना गुप्त नहीं रही। अमेरिका के अखबारों में छप गई। पैसा, हथियार—सब अमेरिका से पाकिस्तान के मार्फत आ रहा है।

मगर साधो, इन्हें इतिहास से सबक लेना चाहिए। लिंकन ने जब दासप्रथा बन्द कर दी थी तब दक्षिण अमेरिका ने अपने को गणराज्य से अलग कर लिया। संघ इस तरह नहीं टूटता। राष्ट्रपति लिंकन ने मिलिटरी को हुक्म दिया कि दक्षिण के इन लोगों को कुचल दो। वे कुचल दिए गए और अमेरिका एक ही संघ राज्य रहा।

[8 अप्रैल, 1984]

नकल क्यों होती है ?

साधो, जब राजनीति में, बाजार में, प्रशासन में, धर्म में, पुलिस में, उद्योग में, कचहरी में, दफ्तरों में, ट्रस्टों में—यहाँ तक भ्रष्टाचार विरोधी विभाग तक में—भ्रष्टाचार होता है और जिसे हमारे नेताओं ने 'वे ऑफ लाइफ' (जीवन-पद्धति) मान लिया है तब छात्रों को परीक्षाओं में नकल करने से क्यों रोका जा रहा है ? जिसे आगे चलकर 'जीवन-पद्धति' बनना है, उसकी शिक्षा स्कूल-कॉलेज में ही हो जाए, उसकी परीक्षा भी हो जाए, तो ये लड़के-लड़की बड़ी योग्यता से भ्रष्टाचार की जीवन-पद्धति चलाएँगे, सफल, सम्पन्न और सुखी नागरिक होंगे। नकल रोकने और नकल करने पर सजा देने से उस बीज को ही मारा जा रहा है जो आगे चलकर मीठे फल देने वाला आम बनने वाला है। हमारी जीवन-पद्धति और नैतिकता का यह हाल है कि अन्तरिक्ष यात्री राकेश शर्मा के लिए विशेष भोजन के ट्यूब हमारी किसी कम्पनी से बनवाते, तो पहली ट्यूब का भोजन पेट में डालते ही उसे कै-दस्त

होने लगते, ऐसी मिलावट हो जाती। गनीमत है कि राकेश शर्मा का भोजन रूस में तैयार हुआ।

साधो, इस परीक्षा के मौसम में हर साल अखबारों में सबसे ज्यादा खबरें परीक्षाओं में नकल की आती हैं। इस केन्द्र में नकल हो रही है, उस केन्द्र में सामूहिक नकल हो रही है, उस केन्द्र में निरीक्षक को छुरा मार दिया, उस केन्द्र में पुलिस ने पन्द्रह को पकड़ा। हमारे विश्वविद्यालय से किसी विषय की परीक्षा-कापियाँ किसी दूसरे विश्वविद्यालय के प्रोफेसर को जाँचने के लिए भेजी गईं। उसने हफ्ते भर में बिना जाँचे कापियाँ लौटा दीं और लिखा—मैं इन्हें नहीं जाँच सकता क्योंकि मैं इसके योग्य नहीं हूँ। ये छात्र नहीं, बड़ी-बड़ी 'अथारिटीज' (अधिकारी विद्वान) हैं। जितना ये जानते हैं, उतना तो मैं भी नहीं जानता। साधो, छात्रों को पुस्तकों से पूरी नकल कर देने का सुभीता प्रिंसिपल और प्रोफेसर ने दे दिया था।

साधो, भीतर छात्र परीक्षा दे रहे हैं और बाहर पास के मकान में छुरे वाले 'दादा' लोग प्रोफेसरों से उत्तर लिखवाकर साइक्लोस्टाइल कराके अपने चेलों को भीतर भेज रहे हैं। निरीक्षक मिले हैं, चपरासी मिले हैं, प्रिंसिपल अपने कमरे में कैद है—क्योंकि बाहर छुरा लिये 'दादा' लोग खड़े हैं। जिस बेचारे छात्र का कोई घनी घोरी नहीं, वही स्मृति से पेपर करता है और कम नम्बर पाता है।

साधो, मैं इस शिक्षा के मामले में बहुत भीतर रहा हूँ। नकल खुद निरीक्षक, जो अध्यापक हैं, कराते हैं। वे अपने-अपने छात्रों को नकल कराते हैं। या सब मिलकर सबको नकल करने देते हैं और इसमें मदद करते हैं। पर्चियों, कॉपियों, किताबों का ढेर होता है, हर केन्द्र में। मैं यह नहीं कहता कि सब अध्यापक ऐसे हैं—नहीं, सब नहीं हैं। मगर जो ऐसा नहीं करते उनकी संख्या काफी कम है। साधो, विश्वविद्यालय और पुलिस मिलकर 'फ्लाइंग स्क्वाड' (उड़नदस्ता) बनाते हैं, नकल पकड़ने के लिए। यह अचानक परीक्षा केन्द्र पर छापा मारता है। मगर इसके आने की खबर लग जाती है और पर्चियाँ, कॉपियाँ, किताबें किसी कमरे में बन्द कर दी जाती हैं और उड़नदस्ते के जाने के बाद निकाल ली जाती हैं। किसी-किसी केन्द्र का प्रिंसिपल ज्यादा चतुर हुआ, तो वह उड़नदस्ते को दफ्तर में चाय-वाय करके वापस कर देता है। मगर एक से एक बहादुर पड़े हैं। तुम जानते होगे, एक कॉलेज जब उड़नदस्ता पहुँचा तो उस पर छात्रों ने पथराव किया—पथराव का नेतृत्व खुद प्रिंसिपल कर रहे थे।

साधो, कुछ साल पहले यह हुआ कि इस क्षेत्र में भी पुलिस आ गई। परीक्षा कराने का काम पुलिस को सौंप दिया गया। स्कूल और कॉलेज में डंडा लिये पुलिस है और परीक्षा चल रही है। एक-दो साल तो सरकार ने परीक्षा का काम जिला मजिस्ट्रेट को दे दिया। उसने पुलिस सुपरिंटेंडेंट को इंचार्ज कर दिया। पुलिस अफसर कह रहा था—ये शिक्षा वाले यही नहीं मानते कि हमारी शिक्षा-व्यवस्था

असफल हो गई। हमारी शिक्षा-प्रणाली गलत है। इन्हें हम बदल दें। मगर ये बदलेंगे नहीं, इसी को खींचे जाएँगे। और जिम्मेदारी हम पुलिस वालों पर डाल देते हैं। अब हम लड़कों को माँ-बहन की गाली देते हैं और वे हमारी माँ-बहन एक करते हैं।

साधो, हमारे इधर इस साल सरकार ने अध्यादेश जारी कर दिया है। नकल करने वाले को फौरन जेल में डालो, नजरबन्द रखो, जुर्माना करो। मगर फिर भी नकल रुक नहीं रही है। सैकड़ों लड़के पकड़े भी जा रहे हैं।

साधो, तुम पूछोगे कि गुरु क्या कभी नकल रुकेगी? मैं कहता हूँ—इन हालात में कभी नहीं रुकेगी। सबसे मूल कारण तो यह है कि जब सब क्षेत्रों में सफलता बेईमानी से है, बेईमानी सर्वव्यापी है, तब अलग से शिक्षा के क्षेत्र में ईमानदारी नहीं आ सकती। बापू घूस लेता है, चाचा दुकान में मिलावट करता है, बनिया कम तौलता है, पुलिस घूस लेती है, तो लड़का नकल करेगा ही। मगर यह बात भी ध्यान में रखो कि अधिकांश लड़के नकल नहीं करना चाहते। फिर क्यों करते हैं?

साधो, जो अध्यादेश लगाते हैं, पुलिस खड़ी करते हैं, फ्लाइंग स्क्वाड दौड़ाते हैं, वे 'यानी शिक्षा और शासन' के मालिक यह कभी नहीं देखते कि अध्यापक पढ़ाते भी हैं या नहीं। मैं कहता हूँ—प्राइमरी से लेकर विश्वविद्यालय तक अधिकांश अध्यापक सारा साल नहीं पढ़ाते। क्लास-क्लास जाकर प्राचार्य नहीं देखता कि अध्यापक कक्षा में है या नहीं। ये अध्यापक क्लास में ही नहीं जाते। पढ़ाते ही नहीं। सब ऐसे नहीं हैं। बहुत अध्यापक ईमानदारी से पढ़ाते हैं। इनकी इज्जत लड़के करते हैं।

साधो, आम बात यह है कि नहीं पढ़ाते। घर पर ट्यूशन के लिए बीस-बीस लड़के बुलाते हैं। पर पढ़ाते वहाँ भी नहीं। हर महीने पैसे ले जाते हैं। यह ठेका है पास कराने का। अब साधो, जिन लड़कों को पढ़ाया ही नहीं गया, वे नकल न करें तो क्या करें और जिन गुरुओं ने सैकड़ों को पास कराने का ठेका ले लिया है, पूरा पैसा ले लिया है, वे नकल कराके पास न कराएँ तो क्या हर चौराहे पर जूते खाएँ? नकल कैसे खत्म हो सकती है?

[15 अप्रैल, 1984]

शर्म या गर्व की बात ?

साधो, कुछ बातें भावुकता में कहने में अच्छी लगती हैं, जैसे यही कि हाय, गांधी के 'दरिद्रनारायण' गरीबी की रेखा के नीचे जीते हैं। अहमदाबाद के दंगे पर ऐसी ही भावुकता की बात गांधी जी के पोते पत्रकार अरुण गांधी ने कही है—गुजरात को शर्म आनी चाहिए। मैं पूछता हूँ कि जब बिहार को, असम को, पंजाब को शर्म नहीं आ रही है, दिल्ली को कभी शर्म नहीं आई तो गुजरात को ही शर्म क्यों आनी चाहिए ? इसलिए कि गांधी जी गुजराती थे ? यानी सारे देश की शर्म बटोरकर आप गुजरात के ऊपर डाल दो क्योंकि अनजाने यह संयोग हो गया कि गांधी जी गुजरात के थे। क्या गांधीजी अनन्त काल तक गुजरात के सिर पर शर्म डलवाने के लिए ही वहाँ पैदा हुए थे ? फिर दंगा कराने वाले कह सकते हैं कि हाँ, हमें शर्म है—मगर इस बात की नहीं कि हम दंगा कराते हैं, बल्कि इस बात की कि हमारे यहाँ मोहनदास करमचन्द गांधी नाम का आदमी पैदा हुआ। साधो, कई साल पहले पठान

गांधी खान अब्दुल गफ्फार खाँ भारत आए थे। इस उपलक्ष में और उनकी अगवानी में अहमदाबाद में दंगा हुआ था। खान साहब ने कहा था—अरे हिन्दोस्तानियो, कुछ तो शर्म करो। यह देश महात्मा गांधी का है। वे अनशन पर बैठ गए। दंगाइयों ने मौका टाला, शासन सख्त हो गया तो दंगा बन्द हो गया। मगर श्रेय मिल गया गफ्फार खाँ को। असल में दंगा कराने वालों ने कहा—गांधीवादी बूढ़े, तू तो अभी यहाँ से टल। आगे तो हम यह सब करेंगे ही।

साधो, किसी क्षेत्र पर यह लाजिमी क्यों हो कि यहाँ दुर्घटना से एक महात्मा हो गया है तो उस क्षेत्र की पीढ़ियों की यह मजबूरी है कि वे उस महात्मा के उपदेशों पर चलें। उसकी नैतिकता मानें। ऐसे तो पंजाब के हठी अकालियों और आतंकवादियों से कहा जाएगा कि तुम्हारे यहाँ गुरु नानक हो गए हैं, तो उनके उपदेशों पर चलो। अरे, दंगा नहीं कराएँगे तो राजनीति कैसे करेंगे, सत्ता पर कब्जा कैसे करेंगे, घर में माल कैसे भरेंगे, सी.आई.ए. का पैसा कैसे पाएँगे? नानक की बात मानेंगे तो राजनीति कैसे करेंगे?

साधो, महात्मा के उपदेश महात्मा के लिए ही होते हैं। वही उपदेश बोले, वही पाले। हमें कोई महात्मा बनने की सजा नहीं मिली है। लोगों को सत्ता-राजनीति करना है, धार्मिक उन्माद पैदा करके चुनाव जीतना है, जमीन पर और प्रॉपर्टी पर कब्जा करना है, लूट का माल घर में भरना है, दो नम्बरी धन्धा करना है। अब महात्मा कहता है—ईश्वर अल्ला तेरे नाम, सबको सन्मति दे भगवान! तो महात्माजी, आप अपने ईश्वर और अल्लाह को लिये रहिए। सन्मति भी आपको ही मुबारक। हमें नहीं चाहिए नुकसानदेह सन्मति। अगर तुम्हारे ईश्वर और अल्लाह इधर आए, तो लहूलुहान हो जाएँगे। हमें निहित स्वार्थों की रक्षा करना है। आर्थिक लाभ उठाना है इसलिए हम धर्म और सम्प्रदाय की नफरत की राजनीति करेंगे ही। हम उन्माद पैदा करके लोगों को बेवकूफ बनाएँगे ही। इतने बड़े-बड़े काम हमें करने हैं और महात्मा हमें उल्टे उपदेश देता है।

साधो, इस भावुकता और हाय-हाय का अन्त नहीं है। अभी हाय-हाय वाली खबर छपी है—पोरबन्दर, जहाँ के महात्मा गांधी थे, वह गैर कानूनी शराब का सबसे बड़ा अड्डा है। इसमें क्या गलत है? अरे, वहाँ महात्मा का पुण्य प्रताप मंडरा रहा है। ऐसे पवित्र वातावरण में शराब नहीं उतारी जाएगी, तो क्या भजन-पूजन किया जाएगा। फिर महात्मा के दरिद्रनारायण का कल्याण सिर्फ सस्ती शराब से हो सकता है। सब करके देख लिया, सारी योजनाएँ चला लीं, सारे उपदेश दे लिए, मगर दरिद्रनारायण सुखी नहीं हुआ। सुखी होता है वह, दो घूँट पीकर। तो उसे पिला रहे हैं। महात्मा का ही बाकी काम कर रहे हैं। साधो, इससे भी अच्छी खबर साल भर पहले पढ़ी थी। राजकोट में गांधी जी का जो मकान है, वह शराब, जुआ और

अनाचार का अड्डा बना है। इसमें दुखी होने की बात नहीं है। गांधी जी का एक ढंग से उपयोग हो रहा है। पुलिस उस मकान के सामने से सिर झुकाकर चली जाती होगी या पुलिस वाले भीतर जाकर दो घूँट अमृत ले लेते होंगे। महात्मा के घर में शराब पीना कम पुण्य नहीं है। साधो, ये सब लोग—दंगा राजनीति वाले, धार्मिक उन्मादी, दो नम्बरी, शराब के धन्धे वाले महात्मा का सही उपयोग जानते हैं।

और साधो, गांधी प्रतिष्ठान के मालिकों ने तो महात्मा के सारे सत्य के प्रयोग कर डाले। सबसे बड़ा सत्य का प्रयोग यह किया कि गांधी जी का चश्मा किसी पश्चिमी धनपति को बेच दिया। उसकी जगह कबाड़ी की दुकान का चश्मा लाकर रख दिया। बताओ, गांधीजी के उपदेशों पर चलना और किसे कहते हैं? अगर गांधीजी का अब बेकार चश्मा दो-चार लाख डालर में खरीदा जा रहा हो, तब वह गांधीवादी नहीं, 'महामूर्ख' होगा, जो नहीं बेचेगा।

[23 अप्रैल, 1984]

झोंपड़ी वालों की बात

साधो, इधर मध्य प्रदेश में एक चमत्कार, हादसा और दुर्घटना एक साथ ही हो गए। हुआ ये कि मुख्यमंत्री ने विधानसभा में अचानक घोषणा कर दी कि झोंपड़ी वाले जिस जमीन पर झोंपड़ी बनाकर रहते हैं, वह उन्हीं को दे दी जाएगी। उस पर उनका मालिकाना हक हो जाएगा। यह घोषणा चमत्कारिक थी, आकस्मिक थी। कांग्रेस पक्ष के विधायक भी पहले से ताली बजाने को तैयार नहीं थे। मुख्य विरोधी पार्टी भारतीय जनता पार्टी के विधायक दस मिनट तक हतप्रभ बैठे रहे। वे समझ नहीं रहे थे कि क्या प्रतिक्रिया की जाए। दस मिनट बाद जब बेहोशी टूटी तब भारतीय जनता पार्टी के नेता ने कहा कि यह चुनाव स्टंट है।

साधो, विरोध नहीं कर सकते थे क्योंकि शहरों की 60 फीसदी आबादी झोंपड़ों में रहती है, समर्थन कर नहीं सकते थे क्योंकि इसमें कांग्रेस की प्रतिष्ठा बढ़ती है। ये 60 फीसदी झोंपड़े वाले ही हैं जिनके वोटों से कोई भी सरकार

बनती है। भारतीय जनता पार्टी ने स्टंट कहा तो दूसरे दिन मुख्यमंत्री ने एक अध्यादेश जारी करा दिया कि जो नगर निगम और नगरपालिका जमीन नहीं देगी, वह भंग कर दी जाएगी। इससे भारतीय जनता पार्टी के चुनाव स्टंट के वर्णन को धक्का लगा। तीसरे दिन एक अध्यादेश और जारी कर दिया उन सरकारी अफसरों को सजा देने के लिए जो इसमें अड़ंगा डालेंगे। अब स्टंट कोई कैसे कहे! बड़ी अड़चन में पड़ गईं, भारतीय जनता पार्टी और जनता पार्टी। साम्यवादी पार्टी तो इसके लिए जुलूस ही निकालती थी और माँग करती थी। लेकिन अब भी मैं जिस विपक्षी राजनेता से पूछता हूँ, वही कहता है कि ये चुनाव स्टंट है। मुश्किल है कि ये झोंपड़ी वालों से नहीं कह सकते कि यह चुनाव स्टंट है। यह सही है कि चुनाव के साल में बहुत सोच-समझकर यह कदम उठाया गया है और यह हर कांग्रेसी शासन के राज्य में होगा तब मजबूरी में गैर-कांग्रेसी सरकारें भी यह कदम उठाएँगी।

साधो, अंग्रेजी में कहावत है कि 'देयर इज मैनी ए स्लिप बिटवीन दी कप एंड दी लिप' यानी कप और होंठ के बीच में कई फिसलनें हैं। इस बात को मुख्यमंत्री ने यों कहा कि—बिचौलिए इस योजना के अमल में बाधा डालेंगे। मेरा खयाल है कि समाज में जितनी कल्याणकारी शक्तियाँ हैं, सबको इस संकटकाल में एक हो जाना चाहिए। विपक्षी एकता की राह देखना अब घातक है।

साधो, हरिजनों को चार-पाँच एकड़ जमीन के पट्टे मिलते हैं पर वह उसे कभी जोत नहीं सकता। गाँव में बड़े किसान उसके खिलाफ, पटवारी उसके खिलाफ, पुलिस उसके खिलाफ, नेता चाहे किसी पार्टी का हो, उसके खिलाफ। वह हल चलाने जाए तो बड़े भूमिपति के लठैत उसका सिर फोड़ देते हैं। उसके हाथ में पट्टा-ही-पट्टा रहता है और वह खेत मजदूर ही बना रहता है। गाँव की जनकल्याणकारी शक्तियों का यह पुनीत कर्तव्य है जो वह निभाती हैं।

साधो, जहाँ मैं रहता हूँ वहाँ जमीन की कीमत सत्तर रुपया वर्गफुट है, शासन ने झोंपड़ी वालों को पचास वर्ग मीटर जमीन देने का निश्चय किया है। जब जमीन इस तरह मुफ्त में बाँटी जा रही है तो दीन दयालु गरीबनवाज, परोपकारी लोग कैसे बर्दाश्त करेंगे?

दो झोंपड़ी वालों की जमीन मिलाकर इमारत तानी जाए तो वह लाखों की होगी। नेता लोग, अफसर, दो नम्बरी पैसे वाले, प्रॉपर्टी डीलर, इस पाप को कैसे होने देंगे कि वह जमीन भुक्खड़ झोंपड़ी वाले के कब्जे में आ जाए? ये पुण्यवान लोग अपना कर्तव्य निबाहेंगे, नगर निगम और पालिका के सदस्य दूसरे वर्ग के होते हैं, वे पूरी कोशिश करेंगे कि इस सर्वहारा वर्ग को जमीन न मिले। अफसर इसमें सहयोग देंगे, अमल की प्रक्रिया में खामी निकाली जाएगी। हाईकोर्ट में रिटें

होंगी, झोंपड़ी वालों को धमकाया जाएगा। पूँजी वालों के लठैत इन गरीबों के सिर पर सवार रहेंगे। यह सारा पुनीत कर्तव्य निभाया जाएगा।

साधो, सवाल यह है कि इन गरीबों को अधिकार दिलाने में मदद कौन करेगा? मामले उलझेंगे, इस दफ्तर से उस दफ्तर जाएँगे, वकील बीच में दाँव-पेच करेंगे, आतंक का उपयोग होगा, जमीनों पर झूठे दावे किए जाएँगे। कौन मदद करेगा इन लोगों की? संसदीय पद्धति की नैतिकता के हिसाब से निर्वाचित सरकार के निर्णयों को उस पार्टी के कार्यकर्ता लागू कराते हैं तो क्या कांग्रेस मैन कुम्भकर्णी नींद त्याग सकेगा? हिलने-डुलने में उसे तकलीफ तो नहीं होगी, चलते-फिरते उसे नींद तो नहीं आ जाएगी क्योंकि काफी सालों से इन्दिरा जी की जय बोलकर वह जीतता ही रहा है।

साधो, भारतीय जनता पार्टी इसे क्या कहेगी जिसने स्टंट कहा है, झोंपड़ी वाले से कोई स्वयं सेवक यह तो नहीं कह सकता कि जमीन मत लेना, यह स्टंट है। मुझे लगता है, कि सबसे अधिक सक्रिय भारतीय जनता पार्टी के सदस्य ही होंगे। यह पार्टी गरीबों की जमीन छीनने वाली ही है, देने वालों की नहीं! मगर उसके कार्यकर्ता दौड़-धूप करेंगे और झोंपड़ी वालों से बार-बार कहेंगे कि ये सरकार तो बेईमान है। सिर्फ घोषणा करती है। वे तो हम हैं जो सरकार पर दबाव डालकर तुम्हें जमीन दिलवा रहे हैं। चुनाव हो जाने के बाद ये फिर कोशिश करेंगे कि वो गरीब बेदखल जो जाए और जमीन उनकी पार्टी के व्यापारी को मिल जाए। कम्यूनिस्ट पार्टी इधर कमजोर है फिर भी वह झोंपड़ी वालों की मदद करेगी।

साधो, अब मैं देख रहा हूँ कि झोंपड़ी वाले मिलते हैं तो खुशी जाहिर करते हैं। उधर शासकीय अधिकारी और कर्मचारी खाने-पीने का रास्ता ढूँढ़ रहे हैं और पुण्यात्मा लोग अपना कर्तव्य करने में लगे हैं।

[1 मई, 1984]

राकेश शर्मा और उदास लोग

साधो, राकेश शर्मा अन्तरिक्ष यात्रा से लौट आए और भारत में कई जगह उनका स्वागत हुआ। मगर इसके पहले जब वे रूस में ही थे, एक भारतीय पत्रकार ने उनसे पूछा—क्या आप फिल्मों में काम करेंगे ? राकेश शर्मा ने जवाब दिया—नहीं। कतई नहीं, अपने यहाँ हिन्दी वालों को यह लगता है कि अन्तरिक्ष में उड़ना, चाँद व मंगल पर जाना कुछ नहीं। अगर इसके बाद किसी व्यावसायिक फिल्म के हीरो न हुए। भगवान कृष्ण अवतार ले लें तो सबसे पहले व्यावसायिक फिल्म बनाने वाले घेरेंगे कि प्रभु एक फिल्म आप पर बना लेने दीजिए। इसमें रासलीला और रुक्मणीहरण का विशेष चित्रण होगा। बाकी आपकी गीता वगैरह फिल्म के काम की नहीं है।

साधो, अगर राकेश शर्मा चाहे तो एक बढ़िया रंग-बिरंगी बाक्स आफिस व्यावसायिक फिल्म उन पर बन सकती है। रोल वे यही करेंगे अन्तरिक्ष यान में उड़ने का, मगर वे अकेले ही बम्बई के स्टूडियो में बनाए गए अन्तरिक्ष यान को लेकर उड़ेंगे।

फिल्म में उनकी एक प्रेमिका होगी। वह हठ करेगी कि मैं तुम्हारे साथ चलूँगी। राकेश शर्मा उससे कहेंगे, अभी तुम्हारी ट्रेनिंग इस लायक नहीं है। मगर प्रेमिका अपने पिता की सन् 1930 की खटारा कार को अन्तरिक्ष यान चुपचाप बनाती जाती है। जब राकेश शर्मा अन्तरिक्ष यान में पृथ्वी का एक चक्कर लगा चुका होता है तो वह देखता है कि एक पुरानी कारनुमा अन्तरिक्ष यान पास आता है। वहाँ उसकी है प्रेमिका, बस दोनों अन्तरिक्ष यान जुड़ जाते हैं। राकेश शर्मा और उसकी प्रेमिका गाते हैं :

चलो दिलदार चलें
चाँद के पार चलें।

साधो, फिर काहे की प्रयोगशाला, काहे के प्रयोग और काहे का अध्ययन! दोनों मिलकर गाना गाएँगे।

सितारों से आगे जहाँ और भी है,
अभी इश्क के इम्तहाँ और भी हैं।

साधो, यह एक ही फिल्म बहुत पैसा दिला जाएगी। दूसरी फिल्म बनेगी तो बैठ जाएगी। लोग एक बेवकूफी को एक बार देखना चाहेंगे। इसलिए हर व्यावसायिक फिल्म में अलग-अलग प्रकार की बेवकूफियाँ होती हैं। इतनी बेवकूफियाँ सोचना महान दिमाग का काम है। राकेश शर्मा चाहे तो किसी कपड़ा मिल के रंगीन विज्ञापन में भी आ सकता है। विज्ञापन में यह होगा कि राकेश शर्मा यह कपड़ा पहनते रहे हैं, इसलिए अन्तरिक्ष यात्रा कर सके। एक विज्ञापन जाँघिया का देखता हूँ जिसमें एक जवान आदमी खास कम्पनी का जाँघिया पहने है। उसने गाउन के बटन खोल रखे हैं इसलिए जाँघिया दिखता है। उसके बगल में एक लड़की है और वह एक आदमी के जबड़े पर घूँसा मार रहा है। विज्ञापन का मतलब है कि यह जाँघिया पहनते ही आदमी बहादुर हो जाता है। इतना फूहड़ विज्ञापन है यह कि उस जाँघिया वाले को जूते मारने की तबीयत होती है। राकेश शर्मा को कोई संकोच की बात नहीं है। लेफ्टिनेंट जनरल अरोड़ा, जिन्होंने बांग्लादेश-युद्ध में जनरल जियाजी से समर्पण कराया था, कपड़े के विज्ञापन में आ चुके हैं।

साधो, अब दूसरी तरफ नजर दौड़ाओ। इधर मेरे शहर में राकेश शर्मा हवाई अड्डे पर थोड़ी देर रुके थे। तीस-पैंतीस किलोमीटर दूर हवाई अड्डे पर कई हजार स्त्री-पुरुष व बच्चे पहुँच गए थे। वे जय-जयकार कर रहे थे। आम भारतीय गौरव का अनुभव कर रहा है कि हमारा एक आदमी अन्तरिक्ष में गया। राकेश शर्मा के साथ उसके दो साथी रूसी अन्तरिक्ष यात्री भी भारत में घूम रहे हैं तो लोग नारे लगाते—हिन्दी-रूसी भाई-भाई।

साधो, इस पूरी घटना से और इस हिन्दी-रूसी भाई-भाई के नारे से, राष्ट्रपति द्वारा रूसियों को अशोक चक्र देने से काफी लोग दुखी हैं। इनमें ज्यादा राजनीति

वाले लोग हैं। रूसी अन्तरिक्ष यान में राकेश शर्मा के रूसी अन्तरिक्ष यात्रियों के साथ जाने में यह महान गौरव हासिल करने पर कांग्रेस सरकार और दोनों कम्यूनिस्ट पार्टियों ने खुशी जाहिर की है और बधाई दी है। इन्होंने इसे राष्ट्रीय गौरव माना है। इनके शिवाय चन्द्रजीत यादव ने और हेमवती नन्दन बहुगुणा ने यह खुशी जाहिर की है। चन्द्रजीत यादव कम्यूनिस्ट पार्टी में रहे और बहुगुणा चरणसिंह के अनुसार के.जी.बी. एजेन्ट हैं।

साधो, बाकी विरोधी पार्टियों के नेता इस कदर चुप व दुखी हैं जैसे यह कोई राष्ट्रीय शर्म की बात हो गई हो। अटलबिहारी वाजपेयी, चरणसिंह, जार्ज फर्नांडिस भगवान एन.टी. रामाराव, शरद पवार, बाला साहेब देवरस—सब चुप हैं। तुम इनके दुख का कारण भी जान लो। राकेश शर्मा रूस के अन्तरिक्ष अड्डे अखानूट से उड़ा। यह शर्म की बात है। जिन महान नेताओं की उदासी का जिक्र मैंने किया है, वे खुश होते अगर वह अमेरिकी अन्तरिक्ष केन्द्र केप केनेडी से अमेरिकी अन्तरिक्ष यात्रियों के साथ जाता। वे सब बिचारे दुखी हैं, इस देश का आम आदमी खुश है, इसे गौरव मानता है, मगर वे देशभक्त दुखी हैं।

साधो, मेरी इनके प्रति बहुत करुणा है। इनसे जो बन रहा है कर रहे हैं। ये कह रहे हैं कि सब चुनाव स्टंट है। कांग्रेस पार्टी वोट के लिए राकेश शर्मा का प्रोपेगंडा कर रही है। मेरा कहना है कि अगर आप लोग भी इस खुशी में शामिल होते और बयान देते तो अकेली कांग्रेस पार्टी प्रोपेगंडा नहीं करती। वैसे भी राजनीति में जो मौके का फायदा नहीं उठाता है, वह बेवकूफ है। साधो, अब शैतानी-भरी खबरें फैलाई जा रही हैं और दक्षिणपन्थी अखबारों में छप रही हैं। एक खबर तो यह है कि रवीश मल्होत्रा को अन्तरिक्ष में नहीं भेजा गया इसलिए कि उसकी कुछ ट्रेनिंग अमेरिका में हुई थी। दूसरी खबर यह उड़ाई जा रही है कि राकेश शर्मा को रूसी अन्तरिक्ष यात्रियों ने कुछ नहीं बताया, उसे कुछ नहीं करने दिया, बस लादकर ले गए थे और लादकर लौटा लाए। उसका खंडन खुद राकेश शर्मा ने हवाई जहाज से उतरते ही किया।

साधो, सच पूछो तो मुझे तो इसमें भी शक है कि अन्तरिक्ष यान गया भी था या नहीं। अटलबिहारी वाजपेयी को सरकार के इस दावे में शक है कि पुलिस ने एक गुरुद्वारे में घुसकर सोलह अपराधियों को बन्दी बनाया, दो सौ तीस स्त्री-पुरुष, बच्चों को उनकी कैद से छुड़ाया और हथियार बरामद किए। वे सच्चाई की जाँच के लिए अपने लोगों को पंजाब भेज रहे हैं। मेरा उन्हें सुझाव है कि ऐसा ही एक प्रतिनिधि मंडल रूस भेजें जो पता लगाकर आए कि सच में अन्तरिक्ष यान गया था या सब झूठा प्रोपेगंडा है।

[13 मई, 1984]

रावी की लड़ाई नर्मदा पर

साधो, भारतीय जनता पार्टी ने बहुत राजनीतिक बुद्धिमानी का निर्णय लिया है। उसने रावी की समस्या को नर्मदा के किनारे हल करने का निश्चय किया। अटलबिहारी वाजपेयी घबराए हुए अपने बँगले में बैठे हुए हैं और डॉक्टरों ने उन्हें पूर्ण आराम की सलाह दी है। पंजाब के आतंकवादियों ने उन्हें धमकी दी है और लालकृष्ण अडवानी वगैरह प्रधानमंत्री से प्रार्थना कर रहे हैं कि वाजपेयी की सुरक्षा का प्रबन्ध कीजिए—उसी प्रधानमंत्री से, जिस पर आरोप लगा रहे थे कि वे पंजाब में सिखों पर अत्याचार कर रही हैं। उसी प्रधानमंत्री से वाजपेयी कह रहे हैं कि पंजाब को फौज के हवाले कर दो। कहाँ तो यह तय था कि अकाली दल और भारतीय जनता पार्टी मिलकर सरकार बनाएँगे और कहाँ यह दिन आ गया कि आर्त्तनाद हो रहा है—सरकार, हमारी जान बचाओ!

साधो, पूरी ट्रेजडी और कामेडी एक साथ है। कहाँ पंजाब और कहाँ मध्य प्रदेश! कहाँ रावी और कहाँ नर्मदा! मगर भारतीय जनता पार्टी ने जुलाई के पहले हफ्ते में मध्य प्रदेश में पंजाब समस्या के हल के लिए आन्दोलन करना तय किया है, जिसमें एक लाख सदस्य गिरफ्तारी देंगे। साधो, तुम कहोगे कि यह तो पागलपन है। इसका अर्थ क्या है? देखो, यह पागलपन नहीं है। बहुत सोच-समझकर बनाई गई योजना है। यह उसी बड़ी योजना के अन्तर्गत है, जो वाशिंगटन में बनी थी।

भारतीय जनता पार्टी वाले सच्चे राष्ट्रभक्त हैं, इसलिए उस योजना पर चल रहे हैं। हम राष्ट्रद्रोही हैं, तो आलोचना कर रहे हैं।

साधो, योजना के मुताबिक पूरे देश में अभी तक हिन्दू-सिख संघर्ष हो जाना चाहिए था। मगर इनके दुर्भाग्य से वह नहीं हुआ। भिंडरावाले और अटलबिहारी दोनों चाहते हैं कि झगड़ा देश-भर में हो जाए। पर इधर हिन्दू और सिख बहुत शान्त और समझदार हैं। वे हिल-मिलकर रह रहे हैं। इस हेल-मेल, भाईचारा और शान्ति को नष्ट करना है। दोनों दल जनता को बेवकूफ मानते हैं और उससे बेवकूफी कराना चाहते हैं। साधो, इस समय सबसे आसान राजनीतिक काम है—सरकार पर दोष लगाना कि वह पंजाब समस्या को हल नहीं कर रही है। असल में बी. जे. पी. चाहती भी नहीं है कि पंजाब-समस्या का हल हो। उसने शुरू से समझौते में अड़ँगा डाला है। अकालियों को भड़काया है। यह पार्टी चाहती थी कि सीधे सिख और हिन्दू वोट बँट जाएँ, कांग्रेस का सफाया हो जाए और दोनों की सरकार बन जाए। इधर हरियाणा, हिमाचल प्रदेश और राजस्थान के हिन्दू भी अपनी रक्षक भारतीय जनता पार्टी को मानें और वोट दें। मगर पंजाब में अब लोगोंवाल से नहीं, भिंडरावाला से निपटना पड़ रहा है। और इस समय भिंडरावाला ज्यादा बड़ा फासिस्ट नेता बन गया है। दो तरह के फासिस्टवाद की टक्कर में अटलबिहारी को मई में भी कँपकँपी आ रही है।

साधो, इसलिए रावी से राजनीतिक स्टंट की नहर निकालकर उसे नर्मदा में मिला रहे हैं। अटलबिहारी फरहाद होते तो शीरीं की शादी उसका बाप उनसे कर देता। साधो, तुम पूछोगे कि ये वीर-गिरफ्तारी कैसे देंगे? गिरफ्तारी तो कानून तोड़ने पर होती है। फिर यहाँ गिरफ्तार होने से पंजाब-समस्या कैसे हल होगी? साधो, तुम सीधे हो। पंजाब-समस्या का हल वे चाहते ही नहीं हैं। इस समस्या के हल होने से भारतीय जनता पार्टी का नुकसान है। ये लोग समस्या को विस्तार देना चाहते हैं। जब जुलाई में मध्य प्रदेश में आन्दोलन करेंगे तो उत्तेजना तो फैलेगी ही। उस उत्तेजना में वे कुछ घटनाएँ हिन्दू-सिख टकराव की करवा देंगे। लीजिए साहब, पंजाब के बाहर हिन्दू-सिख भेद की आग फैला दी। अब यह आग भारत के दूसरे भागों में भी फैल सकती है। इस तरह एक राज्य की समस्या कई राज्यों की समस्या

बन जाएगी। इसका राजनीतिक लाभ भारतीय जनता पार्टी लेगी। मगर इस देश का, इस राष्ट्र का क्या होगा, इससे कोई मतलब इस पार्टी को नहीं है।

साधो, मगर रावी को नर्मदा में मिलाने का असली उद्देश्य मैं बताता हूँ। मध्य प्रदेश में भारतीय जनता पार्टी का संगठन अच्छा है। कुछ उप-चुनाव भी उसने जीते हैं। वह इस योजना से काम कर रही है कि अगले चुनाव में उसे विधानसभा में बहुमत मिले और उसकी सरकार बने। उसे आशा भी है। तो यह जो जुलाई में पंजाब के नाम से आन्दोलन होगा, वह वास्तव में अगले चुनाव के लिए प्रोपेगंडा है। इसमें उपद्रव होंगे, कांग्रेस सरकार को गालियाँ दी जाएँगी। जहरीला वातावरण बनाया जाएगा। दंगे भी कराए जा सकते हैं। यह सब वोट लेने के लिए होगा। पंजाब के लिए नहीं। साधो, इस वक्त जब इनके नेता भिंडरावाला के नाम से काँपने लगे हैं, इन्हें तुम लोग शान्त मध्य प्रदेश में हिम्मत दिलाओ।

[3 जून, 1984]

स्त्री अफसर और संस्कृति वाले

साधो, यों तो मेरा विश्वास है कि जो गधा जहाँ चर रहा है, उसे वहाँ चरने दो। और यह भी नीति ठीक है—राम की चिरियाँ, राम के खेत खाओ री चिरियाँ भर-भर पेट। इसलिए सरकारी शब्द 'एनक्रोचमेंट', 'अतिक्रमण' वगैरह मुझे पसन्द नहीं हैं। गधे के पास जाकर कोई सरकारी अधिकारी उससे कहे कि तू जमीन पर अतिक्रमण कर रहा है, तू यहाँ से निकल जा, तो वह गधा दुलत्ती मारेगा अधिकारी के मुँह पर और फिर चरने लगेगा। यही उसका कानून है, यही भूमि सम्बन्धी संहिता है, यही गधा जाति की संस्कृति है—वह दुलत्ती मारकर रेंकने लगेगा। इसका बुरा नहीं मानना चाहिए। आखिर वह गधा है। अपने चरित्र और संस्कृति के हिसाब से ही चलेगा।

साधो, तुम पूछोगे, गुरु, आज गधे क्यों याद आ गए? साधो, बात यह है कि मुझे भी वह पत्र मिला है जो मध्य प्रदेश शासन से बुद्धिजीवियों और समाजसेवियों के नाम जारी किया है। इस पत्र में लिखा है कि सरकार ने कानून बनाया है कि जो

गरीब आदमी जिस जमीन पर झोंपड़ी बनाकर रहता है, वह जमीन उसी की हो जाएगी। पचास वर्ग मीटर तक जमीन का पट्टा उसे मिल जाएगा। पत्र में साफ लिखा है कि बिचौलिए, निहित स्वार्थी आदि इसमें अड़ँगे डालेंगे। इसलिए आपसे अनुरोध है कि गरीबों को आवास भूमि देने के इस पुण्य कार्य में सहयोग करें।

साधो, मैंने अपने घर के पास के झोंपड़े वालों को बुलाकर कहा—अब जमीन से चिपक जाओ। छोड़ना मत। कोई किराया माँगे या घूस माँगे या खाली कराने को गुंडे भेजे तो घर के सब लोग जमीन पर लेट जाओ। एक आदमी मेरे पास आओ। मैं तुम्हें चिट्ठी लिखकर पुलिस और मजिस्ट्रेट के पास भेजूँगा। यह मैंने अपना कर्तव्य किया। अखबारों में लिखकर भी सहयोग दे रहा हूँ। मैं जानता हूँ, मामला सरल नहीं है। बहुत उलझाव है। यहाँ सत्तर रुपया वर्गफुट जमीन का रेट है। गिद्ध ऐसी बढ़िया कीमती जमीन चिड़ियों को कैसे ले लेने देंगे! बाज झपट्टा मारेंगे इन चिड़ियों पर!

साधो, सबसे बड़ी चिन्ता भारतीय जनता पार्टी को है। पहले से इसके नेताओं ने सरकार के इस फैसले को आदत के मुताबिक चुनाव स्टंट कह दिया। यह आदत ऐसी है कि इस गर्मी में कहीं प्याऊ खोल दी जाए, तो यह भी चुनाव स्टंट है। अगर मुख्यमंत्री बाल कटाकर सदन में आ जाए तो यह भी चुनाव स्टंट। मगर बाद में इन लोगों ने सोचा—अगर इसे स्टंट कहा तो झोंपड़ी वाले नाराज हो जाएँगे। चुनाव सामने है। इसलिए इस तरकीब से चलो कि गरीबों को तो यह दिखाओ कि हम तुम्हें जमीन दिलाने के लिए प्राणों की बाजी लगा रहे हैं। मगर चुपचाप कोशिश यह करो कि इन्हें जमीन न मिले। पार्टी में बहुत बिचौलिए हैं जो झोंपड़ी वालों से पैसा वसूलते हैं। फिर यह जमीन तो वे खुद हड़पने की तैयारी में हैं। यह सर्कस के उस्ताद का काम है। ऐसी स्त्री का कमाल है जो वास्तव में छिनाल हो, मगर पतिव्रता के रूप में पूजी जाती है। ऐसा कमाल भारतीय जनता पार्टी कर लेती है।

मगर साधो, इसी से लगी दूसरी समस्या आ गई—अतिक्रमण हटाने का हुक्म हो गया। सब जानते हैं कि सरकारी नगर निगम की नजूल की जमीन पर सबसे ज्यादा कब्जा भारतीय जनता पार्टी वाले ही किए हैं। अब संयोग यह कि अतिक्रमण हटवाने वाली नारी डिप्टी कलेक्टर! वह काफी साफ और सख्त मानी जाती है।

साधो, अब कामेडी देखो। स्त्री अफसर ने अतिक्रमण हटाने के सख्त आर्डर दे दिए और पुलिस की देख-रेख में अतिक्रमण हटाए जाने लगे। भारतीय जनता पार्टी के नेता स्त्री अफसर के पास गए। पटाने की कोशिश की। वह पटी नहीं। धमकी दी कि आगामी सरकार हमारी बनेगी। वह डरी नहीं। इस दौरान एक अतिक्रमण हटाते समय परिवार के एक वृद्ध का हार्ट फेल हो गया। हार्ट फेल वैसे भी होता। पर इस पार्टी के नेताओं ने उसे अतिक्रमण से जोड़ा। बूढ़े की आत्मा की भी फजीहत की।

साधो, एक जंगी आमसभा कर ली। अब एक बात समझ लो—भारतीय जनता पार्टी के नेता राष्ट्रीय स्वयं सेवक संघ से चरित्र का शिक्षण लेकर आते हैं। ये हिन्दू संस्कृति में दीक्षित होते हैं। इस संस्कृति में नारी का बड़ा सम्मान है। यत्र नार्यस्त पूज्यते रमन्ते तत्र देवता! इस संस्कृति में पराई स्त्री को माँ या बहन माना जाता है, जिन्हें स्त्री सम्बन्धी अपराधों में जेल में होना चाहिए, पर वे संसद की शोभा बढ़ाते हैं।

मगर साधो, आखिर संस्कृति वाले लोग हैं। इन लोगों ने आम सभा में उस युवा स्त्री अफसर का नाम ले-लेकर इतने पवित्र वचन बोले हैं, कि सुनने वालों ने शर्म से सिर झुका लिए। गन्दी-से-गन्दी गालियाँ, सम्भोग के शब्द सड़क पर खींचकर बलात्कार करने की धमकी—उस स्त्री के लिए जो संस्कृति के अनुसार उनकी बहन होती है। वह विवाहिता है। तो जिन अंगों का नाम लिया, वे उसके खूब देखे और भोगे हैं।

साधो, एक दैनिक पत्र ने बड़े दर्द के साथ लिखा है कि यह क्या पागलपन है कि एक इज्जतदार स्त्री के बारे में ये नेता सभा में इतना गन्दा बोले जितना रंडियों के दलाल भी नहीं बोलते। साधो, ये सब परम पवित्र वचन टेप हो गए हैं। कैसेट बन गए हैं। सुनकर लोग थूकते हैं। मगर बेशर्म के खास स्थान पर पेड़ खड़ा हो जाए, तो वह कहता है, अच्छा है। छाया हो गई। ये लोग खुद अपने गँवार चेलों को वे कैसेट सुनाते हैं कि देखो, तुम्हारे नेता कितने जोरदार हैं। यह संस्कृति है। प्राणीशास्त्र कहते हैं कि सूअर और कुत्ते भी गाली नहीं बकते। अब तुम समझ गए होंगे कि मैंने शुरू में गधे की संस्कृति क्यों बताई।

[10 जून, 1984]

मरहम लगाओ

साधो, स्वर्ण-मन्दिर में फौज के जाने से सरकार भी दुखी है, खुद फौज दुखी है, हम साधु दुखी हैं और आमतौर पर सब भारतीय दुखी हैं। मगर सवाल यह है कि फौज को बुलाया किसने? किसके निमंत्रण पर फौज वहाँ गई? किन लोगों के कारण फौजों को वहाँ जाने पर मजबूर होना पड़ा? इसका सीधा जवाब है—स्वर्ण मन्दिर पर जिन्होंने कब्जा कर लिया था और जिनके हुक्म से पंजाब में उन्मादी सिख युवक चाहे जिसकी हत्या कर रहे थे—उन नेताओं ने फौज को बुलाया। जो यह मानने लगे कि इस देश में रहकर भी हम इसके नियम-कानून, संविधान नहीं मानेंगे, हम इस देश की सरकार को भी नहीं मानते, हम पुलिस को नहीं मानते, हम न्यायालय को भी नहीं मानते—इन लोगों ने फौज को बुलाया। इनके कामों के निमंत्रण पर फौज गई और इतने फौजी मारे गए, जितने भारत-पाकिस्तान युद्ध के एक मोर्चे पर मारे जाते हैं। हरमन्दिर साहब से गोलियाँ चलती रहीं और फौज के

सिपाही मरकर या घायल होकर गिरते रहे। एक गोली भी उन्होंने नहीं चलाई क्योंकि उन्हें स्वर्ण मन्दिर की पवित्रता का ख्याल था। अगर यह पवित्रता का ख्याल नहीं होता, तो कुल तीस मिनट का काम था सफाया करने का। फौज के पास बड़ी तोपें और टैंक भी थे।

साधो, अगर किसी मन्दिर में भक्त भगवान राम की प्रार्थना करने जाएँ और उनकी गर्दन काट ली जाए तो वह मन्दिर नहीं, बूचड़खाना हो गया। अगर मस्जिद में मुसलमान नमाज पढ़ने जाए और उसे छुरा घुसेड़ दिया जाए, तो वह मस्जिद नहीं रही, वह मकतल हो गया। अगर गुरुद्वारों में सिख मत्था टेकने जाए और उसे गोली से उड़ा दिया जाए, तो वह गुरुद्वारा कहाँ रहा ? वह कत्लगाह हो गया। उसकी क्या पवित्रता ? उसकी पवित्रता तो उन्हीं सन्तों और नेताओं ने नष्ट कर दी जो बन्दूकें, बम, बारूद लिये बैठे हैं और पवित्रता की आड़ में छिपे रहकर हत्या करवा रहे हैं। साधो, अब तो सिख भी स्वर्ण–मन्दिर जाने में डरते थे। वहाँ सिख भी मार डाले जाते थे। कई शरीफ धार्मिक सिखों ने अखबारों में बयान दिए कि अब तो हमें गुरुद्वारा जाते भी डर लगता है। किसी को भी तो ये लोग मार डालते हैं। साधो ! इन लोगों ने, जो सन्त और नेता कहलाते थे, स्वर्ण मन्दिर को अपवित्र कर दिया था। जो सिख अब पवित्रता भंग के नाम पर काली पगड़ी पहन रहे हैं, काले पट्टे लगाए हैं उन्हें तब काली पगड़ी पहनना था। शोक दिवस वे ही थे। मगर तब वे चुप थे।

साधो, सिखों का इतिहास है कि उन्होंने कमजोरों, दीनों, पीड़ितों और बेकसूरों पर अत्याचार करने वाले का सिर काटने के लिए हमेशा तलवार निकाली। वही सिख बस रोककर बेकसूर मुसाफिरों को गोली से भून रहे थे। स्त्री और बच्चों को भी नहीं छोड़ते थे। राह चलते आदमी को गोली मार देते थे। गाँव के चौपाल पर बैठे किसानों को गोली से भून देते थे। एक स्त्री को गोली मार दी जिसकी गोद में नौ महीने का बच्चा था। तब सिखों ने शोक क्यों नहीं मनाया ? तब काली पगड़ी क्यों नहीं पहनी ? तब क्यों नहीं गुरुद्वारों में प्रस्ताव पास करके इनकी निन्दा की ? क्या सच्चे सिख इस भेड़ियों जैसे कुकर्म को धर्म और पन्थ की रक्षा के लिए उचित मानते थे ? पंजाब के बाहर जो ये काली पगड़ी बाँधकर विरोध प्रकट कर रहे हैं अगर उनके साथ दूसरे लोग, पंजाब सरीखा करने लगे तो क्या वह उचित होगा ? जो पंजाब में धार्मिक और पवित्र हिंसा है वह मध्य प्रदेश और उत्तर प्रदेश में धार्मिक और पवित्र क्यों नहीं होगी ? है कोई तर्क ? तर्कों को तो दफना दिया गया और पागलपन तर्क बन बैठा।

साधो, भारत सरकार क्या करती ? क्या इन्दिरा घोषणा कर देती कि इस देश में कोई सरकार नहीं है ? कोई कानून नहीं है ? कोई संविधान नहीं है ? अब हर राज्य में जो जिसकी चाहे हत्या करे। अब हम हत्या या किसी भी अपराध की छूट हर भारतीय नागरिक को देते हैं। अगर ऐसा होना पंजाब में जायज है तो बिहार और

मध्य प्रदेश में भी। और अगर इसे पंजाब में रोकना धर्म पर हमला है, तो बाकी भारत में रोकना भी धर्म पर हमला है। यह तर्क की बात है। क्या यह तर्क उपद्रव पर उतारू सिखों को समझ में आता है? अगर आता है तो अपने भविष्य पर गौर करें।

साधो, हम इन शोक मना रहे उत्तेजित सिख भाइयों से कहते हैं कि जो यह हो रहा है, उसकी योजना अमृतसर में नहीं, वाशिंगटन में बनी है। यह गुप्त योजना गुप्त नहीं, सी. आई.ए. की है। वह अमेरिका के अखबारों में भी छप चुकी है। उस योजना में यही है—सारे भारत में हिंसा और अराजकता फैलाना, क्षेत्रीयता को बढ़ाना, देश के टुकड़े-टुकड़े कर देना। इसके लिए अरबों डालर गुप्त रूप से इस देश में आ रहे हैं। विदेश में खालिस्तानी नेता डॉ. जगजीतसिंह वगैरह अमेरिकी पैसा खा रहे हैं और यहाँ के सिखों को भड़का रहे हैं। सारा षड्यंत्र पाकिस्तान और चीन के मार्फत हो रहा है। जम्मू में सिखों ने नारे लगाए—खालिस्तान जिन्दाबाद! पाकिस्तान जिन्दाबाद! दोनों एक साथ जिन्दाबाद!

साधो, अब जनरल ब्रार कहते हैं कि स्वर्ण मन्दिर अहाते में बिल्कुल आधुनिक विदेशी हथियार मिले। वही हथियार मिले जो अमेरिका ने अफगान विद्रोहियों को पाकिस्तान के मार्फत दिये हैं। यह बात कोई राजनेता नहीं बोला। राजनेता झूठ भी बोल जाता। मगर यह बात एक सीनियर लेफ्टिनेंट जनरल ने कही है। इसलिए सही है। सवाल है कि अकाली नेता और सन्त भिंडरवाला हमारे देश के दुश्मनों से मदद क्यों ले रहे थे? उनके दिए हथियारों का क्यों इस्तेमाल कर रहे थे? कोई भी सिख अपनी आत्मा पर हाथ रखकर अपने आपसे पूछे कि क्या ये देशभक्ति है? अगर नहीं है तो क्या है? कुछ और है? इस कुछ और की सजा दुनिया के किसी भी देश में क्या होती है?

साधो, हम तो सबका भला चाहते हैं। सिख भाइयों से कहते हैं कि दिमाग को ठंडा करके सोचो। पंजाब का तो आधा-सा नाश वे लोग कर चुके थे। उसे ठीक करना है। मगर बाकी देश में अमन-चैन, भाई-चारा होना चाहिए।

साधो, साफ बात यह है कि ये लोग पाकिस्तान और चीन की मदद से बांग्लादेश जैसा करना चाहते थे। पूरी योजना 1971 के बांग्लादेश संघर्ष की थी। उसी मेजर जनरल ने, जिसने बांग्लादेश में मुक्तिवाहिनी को प्रशिक्षण दिया था, सिख युवकों की भी मुक्तिवाहिनी बनाई थी। बहाना बनाकर पाकिस्तान और चीन उनकी मदद के लिए घुसते। यह योजना नाकाम कर दी गई। इस पर सिखों को, अगर वे भारत के नागरिक हैं, शोक मनाने और काली पगड़ी पहनने की जरूरत नहीं है। ऐसा करना अपनी वफादारी पर शक पैदा करना होगा। कभी-कभी बुद्धि से भी काम लिया जाता है।

[16 जून, 1984]

चुनाव के चैतुआ चले

साधो, गाँव में जब हम लोग रहते थे, तब एक घटना हो गई थी। एक स्त्री लछमी पड़ोस में रहती थी। उसका पति एक औरत को लेकर भाग गया, मगर गाँव में यह प्रचार कर गया कि लछमी बदचलन है। तब अड़ोस-पड़ोस की औरतें बैठतीं तो उनमें बात होती—बहना, जैसो लछमी के साथ हुआ वैसो भगवान कोई के साथ न करे। देखी, मरद की जात। खुद तो एक छिनाल रखे था और बदनाम कर गया बेचारी लछमी को। लछमी ऐसी अच्छी है। दूसरे आदमी की तरफ आँख उठाके नहीं देखती। तब कोई धीरे से कहती—काकी, तिरिया चरित्तर को भगवान भी नई जाने। क्या पता लछमी बाहर कछू और भीतर कछू और होय! दूसरी औरतों ने भी कहा—कहाँ, लछमी के रंग-ढंग कभी-कभी कछू अच्छे नहीं लगत। बजार में इत्ती दुकान है, पर लछमी उस छैल-छबीले रामकिसन सेठ की दुकान पै ही क्यों जाती है? एक ने कहा—अरी जीजी, बड़ी देर तक उसके साथ हँसी-ठिठोली करती है।

उसका दिया पान खाती है। ये औरतें जो लछमी के पक्ष में बात शुरू करती थीं, इस निष्कर्ष के साथ उठती थीं कि लछमी में गड़बड़ है।

साधो, यह घटना मैंने तुम्हें इसलिए सुनाई कि आजकल जनता पार्टी अध्यक्ष चन्द्रशेखर की हालत इस लछमी की तरह ही हो रही है। उनकी पार्टी के नेता यह बदनामी करके पार्टी छोड़ रहे हैं कि चन्द्रशेखर भ्रष्ट है। उसने बिहार में विधायक खरीदने के लिए तीन लाख रुपए दिए थे। साधो, तीन लाख में कोई बदनाम हो जाए, यह बड़ी हँसी की बात है। हरियाणा में ऐसे महापुरुष हैं जो पाँच लाख की दर से बीस विधायक थोक में खरीदते रहे हैं। मगर गरीब पार्टी और गरीब चन्द्रशेखर। वही हाल हुआ कि गाँव की मनचली से गाँव का रसिया मेले में कहे—आज रात को मिलेगी? वह जवाब देती है—हा, न पेड़ा खिलाए, न अँगूठी पहनाए—और कहै कि रात को मिलेगी! रसिया उसे आधा किलो पेड़े खिलाता है और निकल की रंगीन अँगूठी पहना देता है। देखने वाली देख लेती हैं और प्रचार शुरू—मैंने अपनी आँखों से देखा। वह हँस-हँस के पेड़े खा रही थी, उसके। बड़ी बेशरम है। अरी दस ठौ पेड़ा में बिक गई!

साधो, आज चन्द्रशेखर आधा किलो पेड़े और निकल की अँगूठी में बिकी बदचलन औरत जैसे हो गए हैं। साधो, जिन सुब्रह्मण्यम स्वामी ने यह प्रचार किया कि मैंने इसे पेड़े खाते और ठिलठिल करते देखा, वे स्वामी खुद ऊँचे रेट की राजनीतिक कॉलगर्ल हैं। वे नकद लेती हैं और कम-से-कम थ्री स्टार होटल में शरीर देती हैं। चन्द्रशेखर बलिया के देहाती हैं तो छबीली थोड़े में फँस गई। सुब्रह्मण्यम स्वामी हारवर्ड की पढ़ी सी. आई. ए. से आसन सीखी, अमेरिकी स्टेट डिपार्टमेंट की प्रतिष्ठित कॉलगर्ल है। उसकी ग्राहकी ऊँची है। वह जनरल जिया, चीन के प्रधानमंत्री व इसराइल के प्रधानमंत्री के साथ सोती है। ये दो टाइप हुए। तीसरा टाइप इन पार्टियों में उनका है जिनको दो रुपए में अच्छे होटल में नहीं, मोटर गैरिज में ही ले जाओ। साधो, सिद्धान्तविहीन और केवल सीट तथा सत्ता के लिए जो पार्टियाँ चलती हैं, उनमें राजनीतिक कालगर्ल होती हैं, बाजार में बैठी खुली वेश्याएँ होती हैं और एक से ज्यादा आदमियों को फँसाए बैठी मनचली होती हैं।

साधो, जनता पार्टी छोड़कर बहुत लोग चले गए और जा रहे हैं। इनके नेता हैं समाजवादी लोग। इनकी रैली का उद्‌घाटन चरणसिंह ने किया। इसी चरणसिंह को ये समाजवादी यह कहकर छोड़ आए थे कि तानाशाह, अवसरवादी और सिद्धान्तहीन है। ये समाजवादी उसी चरणसिंह के पास लौट रहे हैं। छोड़ देने और फिर कर लेने में कई औरतें कोई संकोच नहीं करतीं। नीची जातियों में इस मामले में कुछ शब्द प्रचलित हैं—'उसके घर बैठ गई' और फिर 'छोड़ छुट्टी ले ली' और 'फिर कर लिया।' इस स्तर की राजनीति हो गई है।

साधो, चन्द्रशेखर के बारे में मुझे तभी डर पैदा हो गया था, जब उन्होंने कन्याकुमारी से दिल्ली तक पैदल यात्रा करके दूसरे 'लोकनायक' बनना चाहा था। तभी कुछ जनता पार्टी नेता एतराज उठा रहे थे कि चन्द्रशेखर ने पार्टी की मंजूरी नहीं ली। व्यक्तिगत निर्णय ले लिया। फिर चन्द्रशेखर गलत दिन दिल्ली में आए। उन्हें दो दिन हरियाणा में रुककर आना था। इस बीच कपिलदेव इंग्लैंड में प्रूडेंशल कप जीत लेते। मगर जब दिल्ली में चन्द्रशेखर ने प्रवेश किया तब वहाँ कपिलदेव की जय हो रही थी। ये समझे थे कि मेरी जय होगी। लोग टेलीविजन से चिपके बैठे थे, तो इनकी रैली भी नाकामयाब हो गई। कपिलदेव ने चन्द्रशेखर को एल.बी.डब्ल्यू कर दिया।

साधो, तभी से जनता पार्टी में खींचतान मची है। बिहार की घटना ने साफ टूटन की तैयारी कर दी है। पुराणपुरुष मोरार जी डॉ. स्वामी के समर्थक हैं। ये जो निकलकर चरणसिंह के पास जा रहे हैं, सो इस आशा में कि चौधरी हमें सीट दे देगा। मगर चौधरी का समझौता भारतीय जनता पार्टी से है, तो इन्हें अन्ततः 'संघ दक्ष' करना पड़ेगा। अभी ये जरूर शेखी बघार रहे हैं कि हम चौधरी को अटलबिहारी से काट लेंगे।

साधो, चिन्ता की बात नहीं है, पार्टियाँ सब रहेंगी। ये धीरे-धीरे सगे भाई हो जाएँगे, क्योंकि इन्हें सिद्धान्त की कोई झंझट नहीं है। कोई पार्टी मरने लगेगी, तो अखबार एक हफ्ते में उसे ऑल इंडिया पार्टी बना देंगे। वे जगजीवनराम की पार्टी का अपने शहर में एक भी आदमी का नाम नहीं बता सकते। मगर उनकी कांग्रेस (जे) को अखबार ऑल इंडिया पार्टी बनाए हैं। सबका भला होगा। चन्द्रशेखर का भी भला होगा और जार्ज का भी।

साधो, राजनेताओं और उनके अनुयायियों के इस दल से उस दल में और उस दल से तीसरे दल में आने-जाने में कुछ अजीब नहीं है। चुनाव राजनीति के चैत का मौसम है। चैत में समूह-के-समूह फसल काटने वाले यहाँ-से-वहाँ जाते हैं। इन्हें 'चैतुआ मीत' कहते हैं। जब तक एक जगह फसल काटते रहते हैं, तब तक साथ रहते हैं और दोस्त रहते हैं। वहाँ का काम खत्म होने पर यहाँ-वहाँ चले जाते हैं—

खाई रोटी गाए गीत
जे चल दिए चैतुआ मीत

साधो, ये सब राजनीति वाले सिर्फ 'चैतुआ मीत' हैं।

[24 जून, 1984]

विरोध का फार्मूला

साधो, भारत में जैसा अद्भुत राजनीतिक विपक्ष है, वैसा दुनिया के किसी लोकतंत्र में नहीं। मैं कल्पना नहीं कर सकता कि ऐसा विरोध-पक्ष कभी भविष्य में कहीं होगा भी। भारत में एक तो वामपन्थी विरोधी पार्टियाँ हैं। इनका आधार एक विचारधारा, सिद्धान्त और कार्यक्रम है। मैं इनकी बात नहीं कर रहा हूँ। मैं बात कर रहा हूँ, गैर-वामपन्थी विरोधियों की जिनका सिद्धान्त है—'राम की चिड़ियाँ राम के खेत, खाओ री चिड़ियाँ भर-भर पेट।' चिड़ियाँ तो हैं, राम के खेत भी हैं, मगर फसल नहीं है।

दक्षिणपन्थी पार्टियों का काम बहुत ही आसान है। एक तो इनमें से अधिकतर में एक व्यक्ति होता है जो पहले मंत्री या मुख्यमंत्री रह चुका हो। पता नहीं उसने किस तरह इतना धन कमाया होता है कि अकेली दम पर पार्टी चला लेता है। ऐसी पार्टियाँ बहुगुणा, जगजीवनराम व शरद पवार की हैं। ये सब अगर इन्दिरा गांधी द्वारा

मंत्री या मुख्यमंत्री बना दिए जाते तो ये पार्टियाँ बनती ही नहीं। अब जनता पार्टी व लोकदल जैसी पार्टियाँ—इनके एक तिहाई सदस्य हमेशा गतिवान रहते हैं। आज लोकदल में हैं तो कल जनता पार्टी में और परसों फिर लौटकर लोकदल में। फिर किसी प्रदेश में एक ही पार्टी के दो नेताओं में नहीं पटी तो दोनों अलग-अलग पार्टियाँ बना लेते हैं।

साधो, दूसरे लोकतांत्रिक देशों में विरोध पक्ष में मजबूत संगठन होता है। जैसे इंग्लैंड में कंजरवेटिव लेबर पार्टियाँ हैं। इनके अपने घोषणा-पत्र हैं, कार्यक्रम हैं। इनमें कभी नहीं सुना कि लेबर पार्टी और कंजरवेटिव पार्टी में आया राम-गया राम हुआ हो। वहाँ विरोध-पक्ष बहुत गम्भीर होता है। राष्ट्रीय पक्ष पर गैरजिम्मेदारी से बर्ताव नहीं करता। सरकार के हर कार्य का विरोध नहीं करता, हर चीज का दोष सरकार के माथे पर नहीं मढ़ता। जैसे कंजरवेटिव पार्टी की सरकार है तो लेबर पार्टी के विशेषज्ञ उसकी अर्थ-नीति, विदेश-नीति, उद्योग-नीति आदि का गहरा अध्ययन करेंगे। साथ ही अपने विचार रखेंगे। लेबर पार्टी की एक 'शेडो केबिनेट' होगी यानी आगामी चुनाव जीतने पर कौन किस विभाग का मंत्री होगा, यह पहले से तय होगा। इतनी तैयारी के साथ राष्ट्रीय हित ध्यान में रखकर लेबर पार्टी कंजरवेटिव सरकार की आलोचना ठोस मुद्दों पर करेगी।

साधो, यह कितना कठिन काम है। पार्टी को संगठित रखो, विचार करो, अध्ययन करो, नीति बनाओ, सिद्धान्त के अनुसार चलो। कितनी बड़ी झंझट है। हमारे भारत में विरोध पक्ष ने कितना सरल रवैया अपना लिया है। एक तो पच्चीस विरोधी पार्टियाँ हैं, इनमें हर एक का छोटा, मझौला, बड़ा नेता—सिर्फ सीट पक्की करने में लगा रहता है। कभी इस पार्टी से पटाई, कभी उस पार्टी से पटाई। सिद्धान्त कार्यक्रम, नीति—सब मिलाकर सिर्फ सीट होती है।

अब इन विरोधियों की सरकार की आलोचना भी कितनी सरल होती है। इनमें न कुछ अध्ययन करना पड़ता है न विचार, कोई मेहनत ही नहीं करनी पड़ती। बुद्धि को तकलीफ देने की जरूरत नहीं पड़ती, देश के भले-बुरे का विचार करने की भी झंझट नहीं है। सीधी लाइन है। जो कुछ इन्दिरा सरकार करती है उस पर सबको गलत कहो और हर समस्या की जिम्मेदारी इन्दिरा गांधी के सिर पर रखते जाओ। कितना आसान काम है। भूकम्प कहीं आ जाए तो फौरन बयान जारी करेंगी कि इन्दिरा गांधी ने भूकम्प कराया, इतना विनाश किया। नदियों में बाढ़ से तबाही हो तो सीधा आरोप—इन्दिरा गांधी के कारण बाढ़ आई और इतना विनाश हुआ।

साधो, पंजाब-समस्या को लो, इस बारे में विरोधी लोग बिल्कुल स्पष्ट हैं। वे कहते हैं कि पंजाब की समस्या इन्दिरा गांधी ने पैदा की। अकालियों को दोष नहीं देते, बात आगे बढ़ी तो समझौता-वार्ता चलने लगी। विरोध पक्ष ने अकालियों को

उत्तेजित करके कोई समझौता नहीं होने दिया मगर बयान दिए—इन्दिरा गांधी समझौता करना ही नहीं चाहती—समझौता नहीं करना, इसमें वे राजनीतिक लाभ देखती हैं। इस बीच हत्यारे आतंकवादियों के गिरोह का नेता भिंडरावाला सबसे ऊपर आ गया और पंजाब में हत्याएँ होने लगीं। तब इन्हीं विरोधियों ने बड़ी समझदारी की बात की कि भिंडरावाला को इन्दिरा गांधी ने बनाया है और वह उनका एजेन्ट है। क्या सच है, क्या झूठ—सब खुल जाएगा मगर मैं समझ के आदमी से पूछता हूँ—क्या किसी देश का प्रधानमंत्री इतना मूर्ख होगा कि खुद हत्यारों और आतंकवादियों की फौज बनवाए? अपने ही देश के भीतर और इस प्राइवेट आतंकवादी फौज का किसी को नेता बनाए? ऐसा कोई पागल और मूर्ख प्रधानमंत्री कर सकता है? वह आतंकवादियों की फौज प्रधानमंत्री के खिलाफ भी आगे चलकर कार्यवाही कर सकती है। इन्दिरा गांधी बहुत चतुर, चालाक व समझदार प्रधानमंत्री हैं। भिंडरावाले की हथियारबन्द फौज वे खुद बनवाएँगी, ऐसी नासमझ प्रधानमंत्री उन्हें कोई नहीं मानेगा।

साधो, जब हत्याएँ होने लगीं, बैंक लुटने लगे और विरोध के नेता मारे जाने लगे तब इन नेताओं ने चिल्लाना शुरू किया कि इन्दिरा गांधी कठोर कदम नहीं उठा रही हैं, उन्हें कठोरता से आतंकवादियों को कुचल देना चाहिए। अटलबिहारी वाजपेयी, जिन्हें जान से मार डालने की धमकी मिल रही थी—बार-बार चिल्लाने लगे कि स्वर्ण मन्दिर में सेना भेज देनी चाहिए। यही अटलबिहारी वाजपेयी कुछ महीने पहले कहते थे कि इन्दिरा गांधी की कांग्रेस सरकार की पुलिस पंजाब में अत्याचार कर रही है।

साधो, स्वर्ण मन्दिर में सैनिक कार्यवाही हो गई और पंजाब में छिपे आतंकवादियों को निकाल रही है। मगर उन्हीं अटलबिहारी वाजपेयी की पार्टी की माँग है कि पंजाब में सेना भेजने की उच्चस्तरीय जाँच हो। यह सब मामला कितना हास्यास्पद है! पिछले पाँच-छह महीनों में इस विरोध पक्ष के कारनामे और बयान पर तो बच्चे को भी हँसी आ जाएगी।

अगर साधो, इस पर ध्यान दो कि भारत में विरोध-पक्षी होना कितना सरल है, कितना सीधा फार्मूला है। अब असम को लो। यह भी बहुत सरल मामला है। असम-समस्या इन्दिरा गांधी ने पैदा की, यह बात ये कहे जाएँगे। दूसरे लोग सब जानते हैं कि असम-समस्या विदेशी एजेन्टों, खासकर चीनी एजेन्टों, सी.आई.ए. मिशनरियों और राष्ट्रीय स्वयंवेक संघ ने पैदा की। असम-आन्दोलन के नेता दिल्ली में प्रधानमंत्री से समझौता करके निकलते थे और विरोध के नेता उनसे दूसरे दिन बयान दिलवा देते थे कि हमारा कोई समझौता नहीं हुआ, हम आन्दोलन चालू रखेंगे। ये नेता बयान देते थे कि आन्दोलनकारी तो समझौते को तैयार थे

परन्तु इन्दिरा गांधी समझौता करना नहीं चाहतीं। साधो, जरा सोचो कि क्या कोई प्रधानमंत्री अपने बारे में यह राय बनने देगा कि उससे आन्तरिक समस्या हल नहीं हो रही?

साधो, कितना आसान काम है भारत में इस दक्षिणपन्थी विरोधपक्ष का! दुनिया के दूसरे लोकतंत्रों में विरोधी राजनेता अगर गम्भीर हैं, सोचते हैं, समस्या का हल खोजते हैं, अध्ययन करते हैं, देशहित का ख्याल रखते हैं तो फालतू मेहनत करते हैं। बेवकूफ लोग हैं। उन्हें भारत आकर ट्रेनिंग लेनी चाहिए।

[8 जुलाई, 1984]

'बेशरम' के पौधे

साधो, हजारों गाँव जहाँ इस मौसम में बह जाते हैं, वहाँ हमारे साथ कोई ज्यादती उस रात नहीं हुई जब मुहल्ले के मकानों में आधी रात को पानी भर गया। बस, जरा-सा फर्क है। हमारे साथ जो हुआ, उसकी जिम्मेदारी प्रकृति पर नहीं है—उन पर है जिन्हें ऐसा नहीं होने देने की तनख्वाह मिलती है। कुछ जिम्मेदारी हमारी भी है। उस रात करीब दो बजे हल्ले से नींद खुली तो देखा, कमरे में पानी भरा है और हम पलंग पर लेटे हैं। भागने का सवाल ही नहीं था। पक्के मकान हैं। थोड़ी देर बाद पानी निकल जाता।

साधो, यह मुहल्ला सिविल लाइन्स सरीखा है। तरह-तरह के टैक्स कार्पोरेशन और सरकार लेती है, हमारी हिफाजत के लिए। मगर सारे अधिकारी और कर्मचारी हमारे लिए बैठे हुए सिर्फ प्रार्थना करते हैं :

जय जगदीश हरे
भक्त जनों के संकट पल में दूर करे!

साधो, इसी प्रार्थना का प्रताप है कि सड़कों पर चौथाई शताब्दी से गहरे गड्ढे देख रहा हूँ। ये गड्ढे शायद बाईसवीं शताब्दी में भरे जाएँगे। लड़कियों के कॉलेज के सामने की सड़क पर गड्ढों का खास इन्तजाम किया गया है। उद्देश्य यह है कि लड़कियों की साइकिलें इनमें गिरें और गुंडे उन्हें आसानी से पकड़ सकें। प्रशासन, पुलिस, कार्पोरेशन, पब्लिक हैल्थ विभाग के सहयोग का नतीजा है कि सड़कें पहाड़ियों जैसी हैं और दो घंटे की बारिश में पक्के घरों में पानी घुस जाता है। मैं अपने शहर की तारीफ नहीं कर रहा हूँ। हर शहर का यह हाल है क्योंकि भारत की आत्मा एक है, जनचरित एक है, संस्कृति एक है। इसलिए :

कुछ बात है कि हस्ती मिटती नहीं हमारी
कब से रहा है दुश्मन दौरे जहाँ हमारा।

साधो, कुछ नुकसान खास नहीं हुआ। हमें कई साल पहले की वह रात याद है, जब रात भर में 17 इंच पानी बरसा था। सुबह नावें चली थीं। तो कल-परसों का तो कोई यह हादसा नहीं था। सुबह आपस में बातें करने के लिए अच्छा विषय ही था। मेरे पास भी तीन-चार पड़ोसी बैठे थे। उनमें से एक के घर में पीछे की दीवार की दरार को चौड़ा करके पूरे घर में पानी भर गया था। सवाल यह है कि पानी बह क्यों नहीं गया? इकट्ठा कैसे होता गया? हम दो नालों के बीच में रहते हैं। एक तरफ बड़ा नाला है जो बरसात में नदी बन जाता है। दूसरी तरफ छोटा नाला है जो रेलवे की हद में नाम मात्र को है। इसकी जिम्मेदारी से कार्पोरेशन बरी है और रेलवे को परवाह नहीं है क्योंकि उससे रेलवे का कुछ नहीं बिगड़ता।

साधो, बातचीत दुर्घटना नहीं, उत्सव के मूड में हो रही थी। सामने की सड़क भी योजना से ऐसी संवेदनशील बनाई गई है कि आसपास के पानी के घुस जाने और ऊपर से दबाव पड़ने के कारण, सड़क में से फुहारे फूट पड़े थे। आठ-दस फीट ऊँचे फुहारे। ऐसे सुखदायी वातावरण में पानी भरने के कारणों का विवेचन हो रहा था। एक सज्जन परेशान थे। बोले—हम दो नालों के बीच हैं। उधर के नाले से रेला आए, तो इधर के नाले में बह जाए। इधर के नाले का रेला आए तो उधर के नाले में बह जाए। मुझे गालिब का शेर याद आया :

हुए हम जो मरके रूसवा, हुए क्यों न गर्के दरिया,
न कहीं जनाजा उठता, न कहीं मजार बनता।

गालिब 'गर्के दरिया' होने के लिए ऐसी ही जगह रहना पसन्द करते! बह जाते। न कहीं जनाजा उठता, न कहीं मजार बनता।

साधो, एक पड़ोसी दोनों नालों का मुआइना करके लौटे तो बोले—रेलवे तरफ का जो नाला है, वह कभी साफ नहीं हुआ। वह मलबे से भरा है। लिहाजा हमारे तरफ का पानी उधर बहकर जाता है, तो नाले का तेज पानी उसे अपने साथ वापस

बहा लाता है। यह पानी हमारे घरों में घुसता है। दूसरी तरफ के बड़े नाले का यह हाल है कि आसपास के लोग सारा साल इसमें अपने घरों का कचरा डालते हैं। कार्पोरेशन ने जगह-जगह कचरा डालने के टैंक बना रखे हैं। पर कहाँ कौन कचरा डालने जाए! सच्चा भारतीय वह है जो छज्जे से अपने पड़ोसी के बरामदे में कचरा फेंके। तो यह नाला संकरा हो गया। दूसरी तरफ गया पानी लौटकर इधर ही आता है। गंगा-यमुना मिल जाती हैं। इसका पुण्यफल आप देख ही रहे हैं—घरों में पानी है और सड़क पर फुहारे हैं।

साधो, वे सज्जन क्रोध से बोले—सब हरामखोरी चल रही है। सालभर समय-समय पर इन नालों की सफाई होनी चाहिए। इन्हें चौड़ा और गहरा करते जाना चाहिए। मुहल्ले की नालियों का बहाव नाले तक साफ रखना चाहिए। तब ये नाले बरसात सँभाल सकते हैं।

साधो, तभी एक बुजुर्ग स्थिति का अध्ययन करके आए। उन्होंने समझाया—देखिए, नालों के किनारों पर 'बेशरम' के आठ-आठ फीट ऊँचे पौधे खड़े हैं। इन्होंने घनी झाड़ी का रूप ले लिया है। 'बेशरम' के पौधे ऐसे ही इकट्ठे पैदा होते हैं। इनका डंठल पोला होता है और किसी-किसी में साँप रहता है। 'बेशरम' की झाड़ियों ने मिट्टी रोक रखी है, पौधे भी सघन हैं, अब बताइए, पानी नाले में जाए तो कैसे जाए? सारा पानी ये 'बेशरम' रोक लेते हैं।

साधो, मुझे समझ में आ गया कि हमारी मुसीबत का कारण ये 'बेशरम' हैं। ये कहीं भी पैदा हो जाते हैं और इनके भीतर साँप रहते हैं। मगर 'बेशरम' सिर्फ इस नाले के किनारे थोड़े ही हैं। 'बेशरम' कहाँ नहीं हैं! मध्य प्रदेश में हैं, तो क्या बिहार में नहीं हैं? दिल्ली में नहीं हैं? किस क्षेत्र में 'बेशरम' की कतारें नहीं हैं? राजनीति से लेकर, धर्म, व्यापार, प्रशासन, विकास योजनाएँ, शिक्षा सब जगह 'बेशरम' छाए हैं। अखिल भारतीय से लेकर स्थानीय 'बेशरम' तक हैं। इनके भीतर साँप रहते हैं, तो लोग इन्हें उखाड़ने में भी डरते हैं। सचमुच हमारी सारी दुर्गति का कारण ये 'बेशरम' के पौधे हैं, जो तीस-पैंतीस सालों में अब झाड़ हो गए हैं।

[31 जुलाई, 1984]

अब ओलम्पिक का विलाप

साधो, किसी-किसी जाति का यह परम्परागत स्वभाव बन जाता है कि उसे समय-समय पर रोने और शिकायत करने के लिए कोई घटना चाहिए। यों तो देश में कुछ-न-कुछ होता ही रहता है—जैसे साम्प्रदायिक दंगा। साल में कम-से-कम दो बार दंगा कराने वाले इस जाति को रोने और शिकायत करने का मौका देते हैं। इससे जातीय मन खिन्न होकर स्वस्थ रहता है। एक-दो महीने धर्मों की एकता का प्रचार होता है, हिन्दू-मुस्लिम-सिख-ईसाई; सब भाई-भाई हो जाते हैं और अगले दंगे की राह देखते हैं।

साधो, इस वक्त रोने और शिकायत करने का मौका ओलम्पिक ने दिया। हाय-हाय मची है कि सत्तर करोड़ का देश और एक ठीकरे का मैडल भी नहीं लाए हमारे खिलाड़ी। हमें उद्‌बोधन देने वाले हमारे युवकों को 'वीरों की सन्तान' कहते हैं। मगर सारे वीर तो घूस खाने और काला पैसा कमाने में लगे हैं। इनकी जातिगत

सन्तान कैसी हो रही है, यह किसी भी कॉलेज और विश्वविद्यालय में देखी जा सकती है। अब तो खेल के मैदान भी नहीं रहे। युवकों में जो खास वीर हैं, वे हॉकी-स्टिक लेकर खेलने जाते नहीं दिखते। वे जेब में चाकू रखकर शाम को मुफ्त शराब और मुर्गे की तलाश में निकल पड़ते हैं। स्कूलों, कॉलेजों से ही खिलाड़ी पैदा होते हैं। अब वहाँ से उठाईगीर पैदा होते हैं।

साधो, रोना है तो रोओ। मगर रोने का कारण मुझे कोई नहीं लगता। वह लड़की पी.टी. ऊषा एक सेकंड के सौवें हिस्से से पदक खो आई है। हमें कल्पना नहीं है कि एक सेकंड का सौवाँ हिस्सा कितना होता है। एक रिकॉर्ड तो एक सेकंड के हजारवें भाग से टूटा है। मगर मैं कहता हूँ कि यह गणना तुम्हें किसने सिखाई? हम चाहे कभी एक पदक भी न जीतें, मगर जो गणना तुम करते हो, वह कर नहीं सकते थे अगर भारत के प्राचीन मनीषियों ने शून्य और दशमलव का आविष्कार न किया होता। तुम समय क्या नापते अगर हमारे मनीषियों ने 'काल' चिन्तन करके तुम्हें समय न समझाया होता? विश्व हिन्दू परिषद, राष्ट्रीय स्वयंसेवक संघ वगैरह चिल्लाते क्यों नहीं कि मामा, हमारी ऊषा हारी, मगर जिस गणना से वह हारी, वह हमारी ही दी हुई है। कम-से-कम यह श्रेय तो हमें दो चाहे मैडल तुम सब ले जाओ।

साधो, अभ्यास नहीं था, ठीक ट्रेनिंग नहीं थी, ताकतवर भोजन नहीं था, ठीक चुनाव नहीं था, हारना तो था ही। मगर हारने से भी जो खराब बात हुई वह यह कि हमारे खिलाड़ी ऐसा अनुभव करते रहे कि वे दुश्मनों के बीच आ गए हैं। हमारे खिलाड़ियों का अपमान हुआ, उन पर हमले हुए, हमारा राष्ट्रीय झंडा पैरों तले कुचला गया। ऐसा सिर्फ भारतीयों के साथ हुआ। वहाँ खालिस्तानियों, पाकिस्तानियों और अमेरिकी उचक्कों ने यह किया। अमेरिका हमारी टीम को सुरक्षा नहीं दे सका। शायद, सुरक्षा देना जरूरी भी नहीं समझा। या शायद जान-बूझकर हमारा अपमान किया गया। अमेरिकी शासन भारत की नीतियों से इतना परेशान है कि उसे भारतीय टीम का आना ही बुरा लगा होगा।

साधो, यह आधी दुनिया का ओलम्पिक था। रूस ने अमेरिका से कहा था कि वह तब शामिल होगा, जब अमेरिका ओलम्पिक के नियमों और शर्तों का पालन करेगा। इसमें प्रमुख शर्त के अनुसार अमेरिका को रूसी टीम की सुरक्षा का आश्वासन देना था। अमेरिका ने आश्वासन नहीं दिया। वह शायद दे भी नहीं सकता। जहाँ राष्ट्रपति रीगन ने ऐसे कठघरे से उद्घाटन किया जो 'बुलेट प्रूफ' था, वहाँ बाहर के लोगों की खासकर रूसियों की रक्षा कैसे होती। प्रचार से रूसियों के खिलाफ इतना जहर भरा गया है कि उन पर हमला भी हो सकता था। नतीजा यह हुआ कि रूस और दूसरे समाजवादी देशों ने ओलम्पिक में भाग नहीं लिया। तब अमेरिका ने कोस्टारिका जैसे छोटे-छोटे देशों को मनाया कि तुम तो आओ।

मगर साधो, रूसी बायकाट से अमेरिका को बहुत फायदा हुआ। ओलम्पिक में सबसे ज्यादा गोल्ड मैडल रूस को मिलते थे और उसके बाद पूर्वी जर्मनी को। अमेरिका का नम्बर तीसरा आता था। इस बार सबसे अधिक गोल्ड ले गया अमेरिका—अस्सी से ऊपर। अगर रूस और पूर्वी जर्मनी आ जाते तो वही पन्द्रह-बीस गोल्ड मिलते। वे नहीं आए तो ढेर लग गया। एक पान के ठेले पर रेडियो पर ओलम्पिक समाचार आ रहे थे। आठ-दस लोग खड़े सुन रहे थे। बार-बार सुनाई पड़ता कि अमेरिका के इतने गोल्ड मैडल हो गए। पान वाले ने रिमार्क किया—ले जा पट्ठे सारे गोल्ड! तेरा चाचा नहीं आया है न!

साधो, अगला ओलम्पिक दक्षिण कोरिया में होगा। दक्षिण कोरिया अमेरिका का चमचा है। तो आगामी ओलम्पिक में अमेरिका को दक्षिण कोरियाई सरकार से कहना चाहिए कि कुछ ऐसा करो जिससे रूस और पूर्वी जर्मनी नहीं आएँ। तब अधिकांश गोल्ड मैं ले जा सकूँगा।

साधो, मगर भारत को भी सोचना चाहिए कि उसे अपनी बेइज्जती कराने कहाँ-कहाँ जाना है। एक लिस्ट बन जाए विदेश-विभाग में उन देशों की जहाँ बेइज्जती कराना राष्ट्रीय गौरव के लिए जरूरी है। एक बात तो सीधी है—अमेरिका और उसके चमचों देशों में जाओगे तो बेइज्जती होगी।

[19 अगस्त, 1984]

हनुमान फिर युद्ध-क्षेत्र में

साधो, जो विदूषक सनकी, बन्दर, हनुमान, पगला कहलाता है वही राजनारायण फिर विरोधियों की एकता करवा रहा है। उसने पहले भी एकता कराई थी, और फिर तोड़ी भी थी। अब फिर वही एकता कराएगा और फिर वही तोड़ेगा। अभी एकता के देवता फिल्मी भगवान रामाराव थे। वे रेशमी गेरुआ संन्यासी वेश धारण कर, अर्द्धनारीश्वर बने, भारत की राजधानियाँ जाते थे, बैठकें आन्ध्र प्रदेश हाउस में करते थे, हाथ जोड़ मुस्कुराते हुए हठी चरणसिंह और अटलबिहारी के द्वार पर पहुँच जाते, तो वे भी आ जाते। अटलबिहारी बीच-बीच में ऐलान करते कि अगला प्रधानमंत्री दक्षिण का होगा, तो भगवान राम समझते कि वह मैं ही हूँ। इधर चरणसिंह गुर्राते—अच्छा अटलबिहारी, तुझे देखूँगा।

साधो, इस वक्त जब वे राजधानी में महीने भर नहीं थे, तब भास्कर राव ने अपनी सेना से राजमहल घेर लिया। राम लौटे तो उनसे कहा गया कि आप सिंहासन

से उतार दिए गए। यह कहा राज्यपाल ने। अगर ये रामाराव हैं, तो वह भी रामलाल हैं। रामलाल दुनिया में राजनीति का खेल खेले हुए हैं। रामाराव पर्दे पर खेल की राजनीति किए हुए हैं। भाग्य की बात है—भिल्लन लूटी गोपिका वही अर्जुन वही बाण! अर्जुन और उनके बाण बेकार हो गए। साधो, रामाराव के भक्त पुलिस-गोली से मर रहे हैं। लोकतंत्र की हत्या का नारा लगाया जा रहा है। भगवान को पुनः गद्दी पर बिठाने की माँग की जा रही है। साधो लोकतंत्र की हत्या की बात चरणसिंह कर रहे हैं कि किसी दूसरे देश में ऐसा होता तो खून की नदियाँ बह जातीं। हम कायर हैं। तो खून की नदियाँ तो नहीं बह रही हैं पर डबरे जरूर भर गए हैं। मगर, लोकतंत्र? जहाँ यह नैतिक मान लिया गया है कि दल बदलो, विधायक खरीदो, बहुमत बनाओ और राज करो, वहाँ पार्टी-आधारित ईमानदारी की लोकतांत्रिक पद्धति का सपना देखा जा रहा है। कांग्रेस के दल-बदलू तेलगूदेशम में गए तो भगवान राम का राज्याभिषेक हुआ। वही दलबदलू राम को छोड़ रहे हैं, तो उनका सिंहासन जाएगा ही। रामराज दलबदल बेईमानों और खरीदे गए विधायकों के दम पर कैसे चलता है, इस पर कोई प्रकाश न वाल्मीकि ने डाला, न तुलसीदास ने। साधो, राज्यपाल की कार्यवाही जरूर विवादास्पद है। विधानसभा में नहीं, अपनी कोठी में सरकार गिराना गलत है। मगर विरोध पक्ष का अनजाने ही रामलाल ने बहुत भला किया। वे रामाराव की शहादत पर एक हो गए। आज मैं इक्कीस तारीख को तुमसे यह बात कह रहा हूँ। इसके छपते-छपते क्या हो, कह नहीं सकता।

साधो, बात मैंने शुरू की थी परमवीर राजनारायण से। मगर भगवान रामाराव ने मुझे खींच लिया। मैं उन्हें प्रणाम करके हनुमान की सेवा में लौटता हूँ। साधो, जहाँ वफादारी, ईमानदारी, सिद्धान्त अश्लील शब्द हो गए हों वहाँ गुलाब और गेंदा की एकता में खास अड़चन नहीं है, अगर सच्चे साधक हों तो। ऐसे साधक राजनारायण हैं। विपक्षी एकता, राष्ट्रीय विकल्प, तानाशाही से संघर्ष, देश की रक्षा से विपक्षी एकता की बात शुरू होती है और चुनाव आते-आते अलग-अलग अपने लिए एक पक्की 'सीट' पर आ जाती है। फकीर कहता है—बस, पाँच पैसे का सवाल है मालिक परवरदिगार के नाम पर। यहाँ यह होता है—बस, एक सीट का सवाल है, भारत भाग्यविधाता, लोकतंत्र की रक्षा के नाम पर। यह 'भाग्य-विधाता' बदलता रहता है। कल जो घोर पतित था, आज वह भाग्य-विधाता हो सकता है। और अगर वह सीट न दे तो, कल फिर पतित हो सकता है। एक सीट का सवाल है, गरीब परवर! फकत एक सीट का!

साधो, सबसे पहले अटलबिहारी वाजपेयी ने चौधरी चरणसिंह को पटाया। उत्तर भारत में ही राष्ट्रीय स्वयंसेवक संघ की शाखाएँ हैं और उत्तर भारत में ही जाट हैं। जैसे स्वयंसेवक की एक निष्ठा अपने एकमेव नेता के प्रति है, चाहे वह कुछ भी

करे, वैसे ही जाट की एकमेव अन्धनिष्ठा चरणसिंह में है, चाहे वे कोई भी पार्टी बनाएँ, कहीं भी चले जाएँ। दो फासिस्टी ताकतों की एकता 'राष्ट्रीय लोकतांत्रिक मोर्चा' कहा गया। मगर चौधरी खट्टे पड़ते गए क्योंकि अटलबिहारी उन्हें चक्कर देने लगे। यह मोर्चा अभी भी अपने को राष्ट्रीय विकल्प कहता है। पर सवाल है—राष्ट्रीय विकल्प चरणसिंह या अटलबिहारी?

साधो, दूसरा राष्ट्रीय विकल्प चन्द्रशेखर के आसपास बनने लगा था। इन पार्टियों और नेताओं ने कहा कि भारतीय जनता पार्टी साम्प्रदायिक दल है। हम उससे समझौता नहीं करेंगे। चन्द्रशेखर ने कन्याकुमारी से दिल्ली तक पद-यात्रा की। इस पद-यात्रा के प्रताप से वे दूसरे जयप्रकाश नारायण बनने वाले थे। पर वे दिल्ली ही गलत वक्त पर आए—उस वक्त जब कपिलदेव इंग्लैंड में प्रतिष्ठा का प्रूडेंशल कप जीता, तो रैली ही आधी रह गई।

साधो, इसके बाद समाजवादियों, सुब्रह्मण्यम स्वामी, सत्येन्द्रनारायण आदि ने चन्द्रशेखर के हाथ-पाँव, कान, नाक काफी काटकर उनका साइज छोटा कर दिया। तब भगदड़ मची। जो लोकदल से आए थे, उनमें से काफी बाहर निकले और रैली कर डाली। इस रैली को चरणसिंह ने आशीर्वाद दिया। विरोध पक्ष की एकता के लिए शरद पवार, बहुगुणा, चन्द्रजीत यादव वगैरह भी कोशिश कर रहे थे। मगर सवाल था—एकता का नेतृत्व कौन करे? इसी समय—आप गए हनुमान, जिमि करुण महं वीर रस। उसने समझाया—कहाँ चक्कर में पड़े हो समाजवाद, लोकतंत्र, धर्म निरपेक्षता, सिद्धान्त वगैरह के। यह सब माया है। सत्य है—सीट! सुरक्षित सीट! इस देश में सिर्फ एक राजनेता है, जिसके उत्तर भारत में मृत्यु तक वोट पक्के हैं—जाट और यादव वोट। वह नेता है—चरणसिंह। तो राष्ट्रीय विकल्प तो पहले से तय है। 'चलो रामलीला मैदान।'

साधो, हनुमान ने रैली करा ली और चरणसिंह ने आशीर्वाद दे दिया। इसी वक्त हनुमान ने भगवान राम का कर्नाटक में वनवास करा दिया। यह विरोधी एकता के लिए वरदान है। सब मिल जाओ, और लड़ो इन्दिरा की तानाशाही से। जब वह राम को निकाल सकती है तो हम तो नौकर-चाकर हैं। उपद्रव और हिंसा का नेतृत्व करने चरणसिंह हैदराबाद पहुँच गए और 15 अगस्त को भारतव्यापी उपद्रव तय कर दिए। भारतीय जनता पार्टी का अछूतोद्धार हुआ जा रहा है। एक सीट का सवाल है बाबा, खुदा के लिए!

[26 अगस्त,, 1984]

लोकतंत्र की नगर वधुएँ

साधो, अभी इसकी चिन्ता मत करो कि आन्ध्र में क्या होगा, या कर्नाटक में क्या दाल गल रही है। अभी तो लोकतंत्र के स्वस्थ विकास को देखो। हम कहाँ से कहाँ जा पहुँचे। 1952 में पहला आम चुनाव हुआ था। उसके बाद के काफी सालों तक विधायकों के दल-बदल और खरीदी की बात सुनी भी नहीं गई। मगर आज रामाराव कहते हैं कि मेरे विधायक पच्चीस लाख में खरीदे जा रहे हैं। खरीदे जा रहे हैं का मतलब है कि वे बिक रहे हैं। जितना पवित्र खरीदने वाला है उससे कम पवित्र बिकनेवाला नहीं है। यह खरीद-बिक्री आम चीज जैसी नहीं है। आलू बिकता है तो उसके दाम आपको नहीं, दुकानदार को मिलते हैं। मगर लोकतंत्र के बाज़ार में दाम आपको ही मिलते हैं। विधायक बिकता है तो दाम उसी के हाथ में जाते हैं। साधो, इससे अच्छा धन्धा कोई और नहीं है। तुम विधानसभा के सदस्य किसी पार्टी से हो जाओ। जब विरोधी गुट उस पार्टी की सरकार को गिराने की योजना बनाएँगे, तब

विधायक खरीदे जाएँगे। तुम पाँच-दस लाख लो और दल बदल दो। धन्धा यहीं खत्म नहीं होता। विधायक कोई आलू नहीं है कि एक बार बिका और उसकी सब्जी बनाकर खा ली गई। विधायक की सब्जी नहीं बनती। वह आलू का आलू ही रहता है। दुबारा जब फिर सरकार पलटाने की तैयारी हो, तो फिर पाँच-दस लाख लेकर अपनी पुरानी पार्टी में लौट आए। यह अपने को बेचने का धन्धा कभी बन्द नहीं होता। जैसे-जैसे लोकतंत्र का बाजार फैलता जाता है, उपभोक्ता वस्तु की कीमत बढ़ती जाती है। काले धन के कारण मुद्रा स्फीति बढ़ती है और विधायक के दाम बढ़ते जाते हैं।

साधो, दल-बदल शुरू करने वाले महापुरुष चौधरी चरणसिंह हैं, जिन्होंने 1967 में उत्तर प्रदेश में दल-बदल कराके कांग्रेस सरकार बनाई थी। ऐसी सरकार फिर मध्य प्रदेश में बनी जहाँ विजयराजे सिंधिया ने दल-बदल कराया। पर तब विधायकों की कीमत और खरीदी की बात नहीं सुनी गई। हो सकता है, चुपचाप पर्दे के पीछे कुछ दिया गया हो। पर यह जनता के सामने नहीं आया था। तब और उसके कुछ वर्ष बाद तक यह धन्धा था भी तो खानगी था। ऊपर से इज्जत बनाए रखकर कुछ स्त्रियाँ गुप्त रूप से अपना शरीर कुछ चुने हुए ग्राहकों को बेचती हैं। वे सार्वजनिक नहीं होतीं। मगर धीरे-धीरे राजनीतिक ईमान ऐसा बढ़ा, शर्म इस तेजी से गायब हुई कि बस लोकतंत्र की रूप जीवाएँ अब बाकायदा कोठे पर पहुँच गई हैं। बारजे पर खड़ी होकर ग्राहक बुलाती हैं, और जब वह कोठे पर पहुँचता है तो उसे अपना रेट बता देती हैं बिना झिझक के। दल-बदल के पुराण पुरुष हरियाणा के गया लाल हुए। जिन्होंने राजनीति में आयाराम-गयाराम का सिद्धान्त जोड़ा। और विधायक क्या है इसकी घोषणा भजनलाल ने की। उसने थोक विधायक खरीद लिए। मगर आन्ध्र ने हरियाणा को पीट दिया। वहाँ रेट पच्चीस लाख तक पहुँच गया। एक मामले में हम और आगे बढ़े हैं। अपने या खरीदे हुए विधायक अभी तक उसी राज्य में रहते थे और विधानसभा अधिवेशन की राह देखते थे। मध्य प्रदेश में 1967 में संविद के नेता गोविन्दनारायण सिंह को डर था कि रात को उनके जीते हुए विधायक मुख्यमंत्री द्वारा फिर से जीत लिए जाएँगे। तब उन सारे विधायकों को विधानसभा अध्यक्ष ने अपने बँगले और अहाते में रातभर ठहराया और पहरा लगा दिया। सुबह वे सीधे विधानसभा गए और कांग्रेस सरकार को गिरा दिया।

मगर साधो, रामाराव ने अपने विधायकों की राष्ट्रपति के सामने परेड करवाके उन्हें हैदराबाद नहीं जाने दिया। डर था वे बहका लिए जाएँगे या खरीद लिए जाएँगे। उन्हें किराए के विमान से बैंगलोर भेज दिया, जहाँ वे रामकृष्ण हेगड़े की सुरक्षा में रहेंगे। मगर हेगड़े की सरकार गिर गई तो ? वे विधायक जंगल में डाकुओं के बीच हो जाएँगे। मेरा निवेदन है रामाराव से कि वे अपने विधायकों को अभी दूसरे देश में रखें। जनरल जिया उल हक से बात करके उन्हें मिलिटरी के पहरे में लाहौर में रखा जाए और ऐन

वक्त पर सीधे हैदराबाद ले आया जाए। पार्टी निष्ठा, ईमान और सिद्धान्त का जब यह हाल हो गया है तब इसके सिवा कोई रास्ता नहीं है। पाकिस्तानियों में इससे लोकतंत्र की बहाली के लिए उत्साह भी पैदा होगा। साधो, तुम पूछोगे गुरु, क्या भास्कर राव को अपने विधायकों के बारे में चिन्ता नहीं होगी? उन्हें चिन्ता इसलिए नहीं होगी कि एक चीज दो ग्राहकों को एक साथ नहीं बिकती। दूसरे 'तेलगूदेशम' के एक-तिहाई से अधिक विधायक कांग्रेस से निकले हुए थे। भास्कर राव को कांग्रेस का समर्थन है। तो वे विधायक अपने बिछुड़े हुए भाइयों की भुजाओं में होंगे।

साधो,अब करना यह चाहिए। रोज विधान सभा के बाहर एक बोर्ड पर आज का बाजार-भाव लिखा रहे। साथ ही उन विधायकों की सूची चिपकी रहे जो बिकने को तैयार हैं। इससे खरीददार को भी सुभीता होगा और माल को भी! तुम पूछोगे—गुरु, यहाँ तक हम पहुँच कैसे गए? साधो, बात यह है कि 1947 तक तो त्याग और बलिदान ही राजनीति रही। 1947 से प्राप्ति की राजनीति, काम की राजनीति आ गई। जैसे-जैसे हम आगे बढ़े राजनीति में से 'नीति' गायब हो गई और 'राज व्यवसाय' हो गया। अब व्यवसाय में सिद्धान्त, आदर्श, वगैरह को नष्ट कर देना पड़ता है। तो वे नष्ट हो गए। सबसे दर्दनाक उदाहरण लोहिया के चेले समाजवादियों का है। जब डॉ. लोहिया थे, तब ये कफन लपेटे तुरन्त क्रान्ति के लिए उतावले थे, उग्र थे, लड़ाकू थे, सिद्धान्तों पर अटल रहने की बात करते थे। मगर आज इस देश में समाजवादी पार्टी है ही नहीं। और महान् उग्र क्रान्तिकारी जार्ज फर्नांडिस, राजनारायण, कर्पूरी ठाकुर आदि कभी चरणसिंह के आगे हाथ जोड़े खड़े रहते हैं, कभी मोरारजी के सामने एक सीट की भीख माँगने के लिए। क्रान्तिकारी, समाजवादी, समाज विरोधी और क्रान्ति से चिढ़नेवालों से एक सीट और सत्ता के काम की भीख माँगते हैं। आज सिद्धान्तहीनता की राजनीति चल रही है। सीट चाहिए। सत्ता चाहिए। इसलिए हमारे भाग्यविधाता कभी इसके हाथ बिकते हैं, कभी उसके हाथ! न अपने पर विश्वास रहा, न दूसरों पर!

साधो, तुम पूछोगे—विधायक खरीदने के लिए इतना दान कौन महान त्यागी देते हैं। अरे, यह सब गुप्त धन का सौदा है। इस धन की भूमिगत नदियाँ देश में बह रही हैं और तुम्हें दिखती नहीं हैं। दस विधायक खरीदने के लिए जो ढाई करोड़ रुपया देंगे, वे क्या लोकतंत्र के लिए त्याग कर रहे हैं? यह धन्धे की लागत है। पूँजी निवेश है। इनवेस्टमेंट होता है यह। सत्ता मिलने पर मुनाफे समेत ढाई करोड़ के पच्चीस करोड़ कमाए जाते हैं। तुमने करोड़ रुपए देखे हैं? लाख भी नहीं देखे। तुम इस धन्धे को समझ नहीं सकते। जहाँ कुछ हजार में बहादुर फौजी अफसर सी.आई.ए. के हाथ बिक जाते हैं वहाँ उनके मालिक राजनीतिक पुरुषों का रेट लाखों होगा ही।

[2 सितम्बर, 1984]

कुलपति और पुलिस

साधो, पुलिस को खुश होना चाहिए कि एक जगह तो है जहाँ उसका स्वागत करने को लोग लालायित हैं। पुलिस की कोई अगवानी नहीं करता। दुनिया के किसी देश में पुलिस के दर्शन इतने अप्रिय नहीं हैं जितने भारत में। मैं लोकतांत्रिक स्वाधीन देशों की बात कर रहा हूँ। इन देशों में सिर्फ अपराधी पुलिस से डरते हैं। आम आदमी नहीं। भारत में अपराधी पुलिस से दोस्ती रखते हैं और आम आदमी उससे डरते हैं। मेरे एक कलेक्टर मित्र ने जो हाल ही लन्दन में थे, बताया कि वहाँ हड़ताली कोयला मजदूरों और पुलिस में दोस्तों की तरह संघर्ष हो रहा था। सिर्फ 'बेटन' पुलिस के पास थे और मजदूर भी हमला नहीं कर रहे थे। एक और सज्जन ने बताया जो इंग्लैंड में पढ़े हैं। कहने लगे—मैं रात को जरा देर से घूमकर लौट रहा था। एकाएक मेरे पास पुलिस की पेट्रोल कार रुकी और एक पुलिसमैन ने नम्रता से कहा—आपको देर हो गई है। क्या आप रास्ता भूल गए? मैंने कहा कि मैं रास्ता नहीं

भूला। उन्होंने मेरा नाम पता लिख लिया और होस्टल के वार्डन से फोन पर पूछकर जाँच की। हमारे यहाँ की पुलिस उस आदमी को पहले तो गाली देती, शायद चाँटा मारती और गाड़ी में बिठाकर थाने ले जाती। जब पुलिस भले आदमी से यह सलूक करती है, उसी वक्त पुलिस के मित्र अपराधी अपना धन्धा कर रहे होते हैं। मजदूरों का जुलूस निकले तो लाठी, बन्दूक चलती है।

साधो, अंग्रेजों ने अपनी पुलिस को एक तरह का बनाया और अपने साम्राज्य की पुलिस को दूसरी तरह का। इंग्लैंड की पुलिस को नम्र नागरिक की सेवक, आम आदमी की मित्र बनाया। साम्राज्य की पुलिस को गँवार, असभ्य, लट्ठमार, अत्याचारी और आम आदमी का दुश्मन बनाया। अंग्रेज चले गए, मगर नौकरशाही और पुलिस की वही साम्राज्यवादी परम्परा चल रही है। न्यायमूर्ति आनन्द नारायण मुल्ला की तो टिप्पणी है कि इस देश में पुलिस सबसे सुसंगठित अपराधी गिरोह है। साधो, उत्तर प्रदेश में जब किसी जगह दंगे होते हैं, तो दोनों सम्प्रदायों के लोग ऊँचे अधिकारियों से प्रार्थना करते हैं कि आप प्राविंशल आर्म्ड कांस्टेबुलरी हटा लीजिए। साधो, मन्दिर में पुलिस के जाने से वह अपवित्र हो जाता है। किसी शरीफ आदमी का मित्र पुलिस इंस्पेक्टर वर्दी में उससे मिलने आ जाए, तो बाद में उसे मुहल्ले वालों को समझाना पड़ता है कि कोई ऐसी-वैसी बात नहीं थी। इंस्पेक्टर यों ही आए थे।

साधो, यह पुलिस जिसे कोई अपने यहाँ नहीं देखना चाहता, जिससे सब दूर रहते हैं, उसे बरकाते हैं, उस पुलिस ने वह खुशखबर अखबारों में पढ़ ली होगी जिसकी मैं तुमसे बात कर रहा हूँ। हुआ यह कि दिल्ली में विश्वविद्यालयों के कुलपतियों की एक बैठक हुई। कुछ को छोड़कर बाकी सारे कुलपतियों ने कहा कि विश्वविद्यालय में पुलिस को हमारे बिना बुलाए ही आना चाहिए। वहाँ शान्ति-व्यवस्था की जिम्मेदारी भी पुलिस की ही है। उसे हमारे बिना बुलाए आ जाना चाहिए।

साधो, जब यह समाचार हम अखबार में पढ़ रहे थे, मेरे पास तीन सज्जन बैठे थे। एक स्वाधीनता संग्राम में जेल गए हुए सज्जन थे। दूसरे इंजीनियर थे। एक पत्रकार थे। स्वाधीनता संग्राम सैनिक ने कहा—जमाना कितना गिर चुका! विद्या के मन्दिर में पुलिस को निमंत्रण दिया जा रहा है। एक वह वक्त था। हम कॉलेज में पढ़ते थे। प्रिंसिपल अंग्रेज था। हम कॉलेज में नारे लगाते—भारत माता की जय! अंग्रेजो निकल जाओ। वन्दे मातरम्! हम कांग्रेसी थे ही। अंग्रेजी कलेक्टर को मालूम हुआ, तो उसने प्रिंसिपल को फोन किया कि इन लड़कों को पकड़ने के लिए पुलिस भेज रहा हूँ। प्रिंसिपल ने जवाब दिया—मैं अपने कॉलेज में पुलिस नहीं घुसने दूँगा। मेरे छात्रों को अपने सामने गिरफ्तार नहीं होने दूँगा। एक वे प्रिंसिपल होते थे और अब ये कुलपति हैं, जो पुलिस को स्थायी निमंत्रण देते हैं। कैसा जमाना आ गया।

साधो, मैंने उनसे कहा—जमाना सभी के लिए आ गया है ऐसा। मैं एक कॉलेज की प्रबन्ध समिति का सदस्य था। कॉलेज के प्रिंसिपल की शिकायतें थीं। जाँच करने पर मालूम हुआ कि हरिजन छात्रों की छात्रवृत्ति के जो चेक आते हैं, प्रिंसिपल और बड़े बाबू भुना लेते हैं। कॉलेज के कई सामान जैसे—टेप-रिकॉर्डर, प्रोजेक्टर, वगैरह प्रिंसिपल के घर में थे। ये चीजें पकड़ी गईं तो छात्रों में बात फैली। अब बताइए, ऐसा प्रिंसिपल पुलिस के बिना कैसे कॉलेज चलाए? साधो, दूसरे सज्जन ने कहा—जब मैं बनारस विश्वविद्यालय में पढ़ता था, आचार्य नरेन्द्रदेव कुलपति थे—पाँच फुटे दुबले आदमी, सादे कपड़े, सरल स्वभाव। मगर जब आचार्य जी अपने ऑफिस से बाहर निकलते और 'राउंड' लेते तो सन्नाटा छा जाता। बड़े-बड़े 'गुंडे' छात्र इधर-उधर हो जाते थे कि कहीं आचार्य जी की नजर न पड़ जाए। आचार्य जी जब तक रहे, पुलिस नहीं आई। मगर अब कुलपति खुद असुक्षित महसूस करते हैं।

साधो, मैंने कहा—आचार्य नरेन्द्र देव महापंडित थे। उनकी बौद्धिकता, चरित्र और सद्भावना का इतना आतंक था, कि कोई नजर नहीं मिला सकता। तब अध्यापक पढ़ाते भी होंगे। अब कुलपति का पद सत्ता का इनाम है अपने लोगों को। न इनमें बुद्धि-बल, न चरित्र-बल। फिर अध्यापक पढ़ाते नहीं। बदनाम और कमजोर कुलपति, न पढ़ाने वाले अध्यापक, न पढ़ने वाले छात्र। सब तथाकथित हैं—तथाकथित कुलपति, तथाकथित अध्यापक, तथाकथित छात्र! शिक्षित बेरोजगारी के कारण शिक्षा का विश्वविद्यालय का अवमूल्यन हो ही चुका है।

साधो, कुलपति का पद अब ज्ञान-गरिमा का पद नहीं रहा। वह प्रशासनिक पद हो गया है। आज का कुलपति दिन भर पढ़ाई की बात नहीं सोचता बल्कि शान्ति और व्यवस्था की बात सोचता है। मुँह में शराब भरकर छात्र नेता कुलपति के मुँह पर कुल्ला करता है, तो कुलपति पुलिस को आमंत्रित न करें, तो क्या करें? मुझे बताया गया है कि पुलिस के रिटायर्ड इंस्पेक्टर जनरल सफल कुलपति हैं। वे पिस्तौल हाथ में लेकर छात्र-नेताओं से बात करते हैं।

साधो, मेरे पत्रकार मित्र ने कहा—देखिए, जो अध्यापक विषय के जानकार हैं, ध्यान से पूरा पीरियड पढ़ाते हैं, जो चरित्रवान हैं, उनका आदर अभी भी छात्र करते हैं। गुंडे छात्र भी उनसे डरते हैं। लेकिन अधिकांश प्रोफेसर लोग विषय के ज्ञाता नहीं होते। वे बिल्कुल नहीं पढ़ाते। क्लास में ही नहीं आते। वे पढ़ा भी नहीं सकते। वे विश्वविद्यालय की टाँग-खींचू राजनीति में लगे रहते हैं। सौ में से पंचानवे लड़के पढ़ना चाहते हैं। वे गरीब और मध्यमवर्गीय परिवार के हैं। डिग्री लेकर वे जीविका कमाना चाहते हैं। मगर इन्हें पढ़ाया नहीं जाता। एक तो अध्यापक नहीं पढ़ाते। दूसरे गुंडे छात्र नेता क्लास नहीं लेने देते। आज विश्वविद्यालय में राज न कुलपति का है, न शिक्षामंत्री का, न मुख्यमंत्री का, न प्रधानमंत्री का। राज है इन गुंडे छात्रनेताओं का

जो राजनीतिक दलों द्वारा पाले जाते हैं। इन्हें सत्ताधारी और विरोधी पार्टियों के नेता जबरदस्ती भरती कराते हैं, इनकी रक्षा करते हैं और अपनी राजनीतिक चालबाजी कराते हैं। ये पेशेवर जाने हुए अपराधियों से अधिक खतरनाक हैं। इन्हें राजनीतिक सुरक्षा प्राप्त है। पुलिस इन्हें नहीं छेड़ती, इसीलिए ये छात्र–नेता शहर बन्द करवा सकते हैं, ये जुलूस लेकर पुलिस थाने पर हमला कर सकते हैं, ये कुलपति का घिराव कर सकते हैं। ये ट्रैफिक बन्द कराते हैं, दुकान लूटते हैं। इनसे रक्षा के लिए बेचारे कुलपति बिना बुलाए पुलिस चाहते हैं। हर विश्वविद्यालय परिसर में अब एक थाना खुल जाना चाहिए। विद्या के मन्दिर की बात फालतू है। ज्ञान का नहीं, ला–एंड आर्डर का मामला है। स्वर्ण मन्दिर से लेकर विश्वविद्यालय तक सब ला–एंड ऑर्डर के मामले हो गए हैं। पतनशीलता सर्वव्यापी है।

[18 सितम्बर, 1984]

जैक का जिल को उपदेश

साधो, जब आदमी का मन गिरावट में होता है, उसकी आशाएँ खत्म हो जाती हैं, तब उसकी चेतना से ज्ञान और विवेक फूटकर बहने लगता है। यह हाल आजकल बाबू जगजीवनराम का है। 1946 में जब पंडित नेहरू ने कार्यकारी सरकार बनाई थी, उसमें बाबू जी मंत्री थे। तब से लगातार 1977 तक कांग्रेस सरकार में रहे। 1977 में जब लगा कि या तो इन्दिरा गांधी हारेंगी अथवा जीत भी गईं तो बहुत करके वे मंत्री नहीं बनाए जाएँगे, तो बाबू जी की पवित्र आत्मा ने नैतिकता की पुकार लगाई। आपातकाल लगाने का प्रस्ताव बाबू जी ने ही संसद में रखा था। पर 1977 के निराशा के क्षण में उन्हीं बाबू जी की पवित्र आत्मा ने गंगा-स्नान करके आवाज दी—आपातकाल लगाना लोकतंत्र की हत्या थी। तानाशाही थी। और बाबू जी खिसककर कांग्रेस छोड़ जनता पार्टी में आ गए। फिर 1980 तक जनता सरकार में मंत्री रहे। वे प्रधानमंत्री नहीं हो सके। यह कसक रही। 1980 से बियाबान में हैं। लगातार इन्दिरा जी

के पास सन्देश भेजते रहे हैं, पर वे बुलाए नहीं गए। वे अकेले दम अखिल भारतीय पार्टी कांग्रेस (जे) चला रहे थे। अब उन्होंने दूसरी और विशाल पार्टी बना ली है। इसमें कुछ नहीं लगता—बस कुछ पैड छपाने पड़ते हैं और रबर स्टैप बनवाना पड़ता है।

साधो, बाबू जी हरिजन के नाम से लगातार मंत्री हैं। मौलाना आजाद कांग्रेस के शिखर के नेता थे पर मुहम्मद अली जिन्ना उन्हें 'मुस्लिम शो-ब्याय ऑफ दी कांग्रेस' कहते थे। बाबू जी भी 'हरिजन शो-ब्वाय' रहे हैं। मगर वे बहुत योग्य मंत्री माने जाते हैं। उनके विरोधी भी मानते हैं। साथ ही उनके दोस्त और विरोधी कुछ बुरी बातें भी मानते हैं—जैसे यह कि इतनी दौलत कहाँ से आई? या यह कि कामदेव उन पर तीर चलाता रहा है, पर बाबू जी अगर गुलाब हैं तो उनमें काँटे होंगे ही। अब बाबू जी अस्सी से ऊपर होंगे, पर जैसा सन्त ने कहा है—तृष्णा तू न गई मेरे मन से। जब तृष्णा चरणसिंह के मन से नहीं गई, तो बाबू जी के मन से क्यों जाए? तृष्णा मरने के बाद भी नहीं जाती। कहते हैं, उसी की पूर्ति के लिए फिर जन्म लेना पड़ता है। चरणसिंह, बाबू जी ऐसे जर्जर बूढ़े हैं, पर तृष्णा जवान है। अगर अर्थी जा रही हो और खबर आए कि लोकसभा के बहुमत ने आपको प्रधानमंत्री चुन लिया है, तो भगवान से कहेंगे—प्रभु, बस दो दिन की जिन्दगी बढ़ा दें। शपथ लेकर मैं संसद में प्रधानमंत्री की कुर्सी पर बैठ लूँ। फिर जरा राजकीय सम्मान से मरघट पहुँच जाऊँगा। चरणसिंह की तृष्णा के साथ आशा है। बाबू जी की तृष्णा के साथ निराशा है। इसीलिए ज्ञान और विवेक की बात बाबू जी करते हैं। चरणसिंह अहंकार से बात करते हैं। दोनों की हालत इस शेर में है :

मेरे अल्लाह मुझे दो पल की जिन्दगी दे दे
उदास मेरे जनाजे से जा रहा है कोई

साधो, तुम कहोगे—गुरु, यहाँ-वहाँ बहुत घुमा रहे हो। यह तो बताओ कि बाबू जी ने कौन से ज्ञान की अमृत बूँदें बरसाईं। बताता हूँ। बाबू जगजीवनराम ने विरोधी दलों, गुटों और सिपहसालारों से कहा है—पहले अभी इस बात पर विचार करके कुछ तय कर लो कि तुम अगर जीत गए और तुम्हारी सरकार बन गई तो करोगे क्या। यानी बाबूजी सिद्धान्त और कार्यक्रम की बात उठा रहे हैं। इसी से साफ जाहिर होता है कि बाबू जी निराश हैं। इस वक्त सिर्फ निराश आदमी जिन्हें कुछ नहीं होना है, सिद्धान्त और कार्यक्रम की बात करते हैं। जिसे आशा है और जिसे होना है, वह इन फालतू चीजों में नहीं उलझता। वह कुछ होने में लगा है। फारुख अब्दुल्ला-कांड होता है तो बार-बार श्रीनगर जाता है। रामाराव-कांड होता है तो बार-बार हैदराबाद जाता है। कार्यक्रम क्या है? सब इस कोशिश में हैं कि फारुख और रामाराव के मामले को लेकर ही एकता हो जाए और जनता हमें हमारे कारण नहीं, फारुख और रामाराव के बलिदान के नाम से वोट दे दे।

साधो, बर्नार्ड शा ने कहा है—जो कर सकता है, वह करता है। जो नहीं कर सकता, वह शिक्षा देता है। जो कर सकते हैं, वे कर रहे हैं। रोज मीटिंगें करते हैं—मोर्चा बनाने के लिए, विलय के लिए, सीटों के तालमेल के लिए। इसमें चूहा, गाय, बैल भैंसा, सियार, शेर—सब एक से एक प्राणी हैं भगवान के बनाए। साधो, सिद्धान्तहीनता भी एक सिद्धान्त है। प्राचीन ऋषि, मुनि जीवन भर तपस्या करते थे, तब ऐसी शुद्ध-बुद्ध चेतना होती थी। कार्यक्रम करना हो तो उसकी बात करें। अभी एक ही सिद्धान्त है, एक ही कार्यक्रम है—इन्दिरा कांग्रेस को सरकाकर सत्ता पर कब्जा करो। फिर कार्यक्रम खोजने कहीं जाना नहीं है। 1977 का बना-बनाया कार्यक्रम है—आपस में लड़ो, पार्टी या मोर्चा तोड़ो और ढाई साल में सब सड़क पर आकर धूल फाँको और नारे लगाओ—'इन्दिरा गांधी तानाशाह है।' एक तो कार्यक्रम यह है ही। फिर कुछ लोग हैं, जो यह मानते हैं—सरकार तो बनाओ। कार्यक्रम तो वाशिंगटन से आ जाएगा।

साधो, चरणसिंह किसान-नेता हैं। कितने शर्म की बात है कि एक किसान नेता स्वामी सहजानन्द थे जिन्होंने छोटे किसानों की लड़ाई लड़ी—और उनके बाद ये चरणसिंह किसान नेता कहलाते हैं, जो छोटे किसानों को खत्म करके उन्हें बड़े किसानों के गुलाम बनाना चाहते हैं। वे सहकारी खेती के खिलाफ हैं क्योंकि उसमें छोटा किसान भी जीवित रहता है। वैसे चरणसिंह ने किसानों के लिए बहुत किया है—उन्हें दर्शन देते हैं और किसान-रैली निकालते हैं।

किसानों के लिए ही उन्हें दल-बदल करके किसी-न-किसी पद पर रहना है। कोई और ऊँचा पद न मिले तो किसी मंत्रालय में चपरासी भी बन सकते हैं। चपरासी भी सरकार का हिस्सा होता है; इतना अविश्वसनीय और बेशर्म नेता दूसरा नहीं है। सिद्धान्त की बात होती तो वे ग्राम पंचायत के सदस्य भी नहीं बन पाते। मगर वे दल-बदल के खेल के जान मेकनरो हैं। जान मेकनरो ने अभी चौथी बार टेनिस का खिताब जीता है। इधर देखो—चरणसिंह के आसपास सब विरोधी चक्कर लगा रहे हैं। भारत में यही सिद्धान्त की राजनीति है।

साधो, बाबू जगजीवनराम की बात ठीक है। पर जब वे समर्थ थे तब यह बात ठीक नहीं थी। वे भी 1980 में जनसंघ की तरफ से हरिजन प्रधानमंत्री बनने के लिए भाग रहे थे। सरकार बनने पर क्या करेंगे, यह अभी क्यों सोचे। अभी तो दस प्रधानमंत्री देश में चक्कर लगा रहे हैं। मगर चरणसिंह ने अपने-आपको पहले से प्रधानमंत्री बना लिया है। जैक और जिल में से जैक नीचे गिरकर उपदेश दे रहे हैं और जिल पहाड़ियों की कगार पर खड़े गिरने को है—जैक एंड जिल वेंट ऑफ दी हिल!

[25 सितम्बर, 1984]

फौजी अफसर और अमेरिकी प्रेम

साधो, इस बीच बड़ी दिलचस्प बातें हो गई हैं। कुछ बातों पर रोना या हँसना, यह समझ में नहीं आता। आखिर अपनी ही बात दुहरानी पड़ती है—साधो, देखो जग बौराना। अब देखो, साधो, सिख प्रधान ग्रन्थियों ने रछपालसिंह को जो सजा दी है वह कैसी है। सजा है—गुरुद्वारे में, बर्तन और फर्श साफ करना। अब बताओ, गुरुद्वारे का फर्श साफ करना सजा कैसे हो गई। यह तो पुण्य है। रछपालसिंह को सेवा का पुण्य करने की सजा दे दी गई। मगर सजा और भी है, जिससे मैं हैरत में आ गया। उन्हें 'जप साहब' और 'चौपाई साहब' का पाठ करने की सजा दी गई है। 'जप साहब' में भगवान के जय के पद हैं और 'चौपाई साहब' में ज्ञान और भक्ति की चौपाइयाँ हैं। यानी जप और मुक्ति सजा है—जाओ, तुम्हें दस दिन भगवान का भजन करने की सजा दी जाती है। जाओ, तुम्हें भगवान की आरती करने की सजा दी जाती है। ये कोई सजाएँ हैं ? मगर क्या करें—साधो, देखो जग बौराना।

और साधो, रिटायर्ड लेफ्टिनेंट जनरल सिन्हा से कलकत्ता में स्थित कूटनीतिज्ञ पटना आकर मिले। जनरल सिन्हा को प्रधान सेनापति नहीं बनाया, तो उन्होंने रिटायरमेंट ले लिया। तब कुछ नेताओं ने हल्ला मचाया था कि जनरल सिन्हा के पिता जयप्रकाश नारायण के साथ थे और उन्होंने 1975 की सम्पूर्ण क्रान्ति में भाग लिया था। इसलिए इन्दिरा सरकार ने उनका हक मार दिया। पर सरकार की तरफ से कहा गया कि जनरल सिन्हा को युद्ध के संचालन का कोई अनुभव नहीं है। जनरल वैद्य को युद्ध का बहुत अनुभव है। अब साधो, इस खबर से कि जनरल सिन्हा इन्दिरा विरोधी हैं और जयप्रकाशी हैं, अटलबिहारी, चन्द्रशेखर, चरणसिंह, सब गद्‌गद हो गए। अहा, हमारा जनरल है। अब इसका उपयोग करेंगे। अमेरिका की स्वाधीनता की मूर्ति के स्तनों से भी दूध की धार निकलकर जनरल सिन्हा के मुँह में आने लगी। यही दूध की धार कभी जनरल थिमैया के मुँह में गिरती थी। फिर यही अमरीकी वात्सल्य की दूध की धार जनरल बी. एम. कौल के मुँह में आने लगी। ये जनरल कौल 1962 के चीनी हमले के वक्त पूर्वी क्षेत्र में तैनात थे और डरकर असम से भागकर दिल्ली आ गए थे।

साधो, ये जनरल कौल भी अमेरिकी राजदूत से बहुत मिलते थे। एक दिन रक्षा मंत्री कृष्णा मेनन ने उन्हें बुलाकर कहा—तुम मेरे सिर पर से अमेरिकी राजदूत से क्यों मिलते हो? कौल ने कहा कि मेरे उनसे व्यक्तिगत सम्बन्ध हैं। मेनन ने कहा—तुम्हारे उनसे क्या व्यक्तिगत सम्बन्ध हो सकते हैं? कोई रिश्तेदारी है? देखो, तुम एक फौजी अफसर हो। तुम कूटनीतिज्ञों से नहीं मिल सकते। मिलना हो तो पहले मुझसे अनुमति लो। पर जनरल कौल फिर अमेरिकी राजदूत से मिले। तब मेनन ने उन्हें बुलाया और कहा—देखो तुम फिर मिले। अब तुम अमेरिकी नागरिक क्यों नहीं हो जाते? भगोड़े जनरल कौल ने चीनी हमले के बाद रिटायरमेंट ले लिया। जो बातें मैंने बताई हैं वे खुद जनरल कौल ने अपनी कैफियत की किताब 'दी अनटोल्ड स्टोरी' में लिखी हैं।

साधो, सेवा में लगे और रिटायर्ड खास फौजी अफसरों के प्रति अमेरिका का प्रेम इस तरह क्यों बरसने लगता है? इसका जवाब इस तथ्य में है कि इस समय एक रिटायर्ड एअर मार्शल और एक मेजर जनरल पर पैसे लेकर अमेरिका के लिए जासूसी करने के आरोप में मुकदमा चल रहा है।

साधो, जनरल सिन्हा के बारे में अखबारों में खबर छपी कि अमेरिकी कूटनीतिज्ञ ने जनरल सिन्हा से कहा कि आप एक क्षेत्रीय पार्टी बनाकर आगामी चुनाव लड़ें। पैसे की कोई चिन्ता नहीं—यानी पैसा अमेरिका देगा। इसके बाद जनरल सिन्हा का स्पष्टीकरण छपा कि मैंने इस सम्बन्ध में गृह और सुरक्षा मंत्रालय को स्पष्टीकरण दे दिया है।

अमेरिकी कूटनीतिज्ञ मुझसे मिले जरूर पर पार्टी और चुनाव की बात नहीं की। हमने विश्व की हालत और सामान्य विषयों पर बातचीत की। साधो, अब सवाल उठते हैं—जनरल सिन्हा के अमेरिकी कूटनीतिज्ञों से ऐसे प्रेम-सम्बन्ध कब से थे कि अमेरिकी साहब खुद कलकत्ता से पटना यह पूछने आए कि अब जुकाम कैसा है? कूटनीतिज्ञों से सम्बन्ध तो राजनीतिक नेतृत्व के या विदेश सचिवों के होते हैं। फौजी अफसर ने प्रेम-सम्बन्ध क्यों बना लिए? जनरल सिन्हा ऐसे कौन से राजनीतिक-दार्शनिक चिन्तक हैं कि अमेरिकी कूटनीतिज्ञ उनसे विश्व के कल्याण के बारे में चिन्ता के साथ कुछ सीखने आए थे?

साधो, जनरल थिमैया जब कोरिया में भारत की शान्ति सेना के कमांडर थे तभी अमेरिकी शासन ने उन्हें प्रेम रस पिला दिया था। उनके बारे में अमेरिका से अमेरिकी लेखक की एक किताब छपाई गई थी। जनरल के गुब्बारे में खूब हवा भरी गई—संसदीय लोकतंत्र भारत में चलेगा नहीं। भारत पर संकट आएगा तब जनरल थिमैया, आप देश को बचाएँगे। अमेरिका आपको पूरी मदद करेगा। थिमैया भारत लौटे तो अपने को भारत का भाग्य विधाता समझने लगे और तैयारी करने लगे अफसरों के एक गुट से मिलकर। यह फौजी तानाशाही की तैयारी थी। जब 1958 में कृष्णा मेनन रक्षामंत्री हुए तो उन्हें यह सब पहले से मालूम था ही, उन्होंने अफसरों के उस गुट को तोड़ दिया।

उन्होंने जनरल थिमैया के पंख काट लिए। थिमैया ने पंडित नेहरू से शिकायत की, पर मेनन ने महत्त्वाकांक्षी अमेरिका परस्त थिमैया के षड्यंत्र को खत्म कर दिया था।

साधो, यह क्या बात है कि कुछ सैनिक अफसरों को अमेरिका का प्रेम लपेट लेता है? रूसी प्रेम क्यों नहीं लपेटता? क्यों अमेरिकी स्वाधीनता देवी के स्तनों से दूध जबरन निकलकर इन अफसरों के मुँह में गिरने लगता है? रूसी माँ के स्तन में भी तो दूध है। वह इनके मुँह में क्यों नहीं आता? जबकि फौजी मामलों में हमारे रूस से सबसे विश्वासी सम्बन्ध हैं। और साधो, यह क्या रहस्य है कि जब किसी अमेरिकी परस्त अफसर पर आरोप लगता है तब हमारे दक्षिणपन्थी दल उसके पक्ष में क्यों शोर मचाते हैं? इन दलों की देशभक्ति की व्याख्या की जाए? इन्हें रोनाल्ड रीगन क्यों भारत का कल्याण करने वाला लगता है और इन्दिरा गांधी देश का नाश करने वाली? रीगन ने किस भारत माता का दूध पिया है?

[30 सितम्बर, 1984]

माया महाठगिनी हम जानी

साधो, महाभारत में एक प्रसंग है जिसमें यक्ष युधिष्ठिर से कुछ प्रश्न करता है। एक प्रश्न करता है—धर्म क्या है? युधिष्ठिर जवाब देते हैं—धर्म का तत्त्व गुहा में छिपा है। इसलिए महाजन जिस पथ पर चलते हैं, वही सत्पथ है। उसी पर चलो। साधो, धर्म का तत्त्व सचमुच इतना गहरा छिपा है कि समझ में नहीं आता। अब धर्म की यह उलटबाँसी देखो। स्वर्ण मन्दिर परिसर में पुलिस और फौज के घुसने से प्रधान ग्रन्थियों की नजर में मन्दिर अपवित्र हो गया था। मगर अभी जब भिंडरावाले के सिरफिरे चेलों और खालिस्तानियों ने प्रमुख ग्रन्थियों को ही खदेड़ दिया तब पुलिस ने आकर ग्रन्थियों की रक्षा की, उन्हें खदेड़ने वालों को गिरफ्तार किया और प्रमुख ग्रन्थियों को अकाल तख्त पर कब्जा दिलाया। तब क्या मन्दिर अपवित्र नहीं हुआ? इस बार तो पुलिस ग्रन्थियों की सहमति से आई थी। प्रमुख ग्रन्थी कहते हैं—यह अपवित्रता दूर कर ली जाएगी? इसलिए कि यह पवित्र

अपवित्रता है जिसने प्रमुख ग्रन्थियों को प्रॉपर्टी और पद पर कब्जा दिला दिया। यानी जिसमें स्वार्थ सिद्ध हो वही पवित्र है, वही धर्म है। वही सच्चा पन्थ है।

साधो, भिंडरावाले और उनके हत्यारे गिरोह को खत्म करने के लिए जब सेना घुसी थी तब घोर अपवित्रता हो गई थी। इसलिए कि प्रमुख ग्रन्थी अकाली दल की राजनीति खेल रहे थे। तब ये ग्रन्थ ही भूल गए थे जिसमें गुरुओं के उपदेश हैं कि 'अत्याचार पाप है। अत्याचारी का दमन होना चाहिए।' ग्रन्थी अत्याचारी को धार्मिक सन्त और अत्याचार को धर्म बता रहे थे। अकाल-तख्त को टूटी-फूटी हालत में सजाकर रखना चाहते थे जिससे वह हिंसा और नफरत का दर्शनीय स्मारक बना रहे। यह भी अकाली दल की कुटिल राजनीति थी। जब बाबा सन्ता सिंह ने पन्थ के नाम पर किए गए इस पाप को ढकने के लिए 'कारसेवा' शुरू की तो प्रमुख ग्रन्थियों ने उन्हें 'तनखैया' बना दिया। पन्थ का अपराधी बना दिया। उन्हें पन्थ से निकाल दिया। गुरुओं ने दुराचार रोकने के लिए 'तनखइया' की व्यवस्था की थी। बुरे काम करने वाले को 'तनखैया' घोषित करके उसका सामाजिक बहिष्कार करने से बुरे काम रुकते हैं। मगर प्रमुख ग्रन्थियों ने अच्छा काम करने वाले बाबा सन्ता सिंह को ही 'तनखैया' कर दिया। मगर वह पापी अकाल तख्त की मरम्मत करके उसे वैसा ही शानदार बनाकर चला गया तो प्रमुख ग्रन्थियों ने उस पर कब्जा कर लिया। यह नहीं कहा कि अकाल तख्त की मरम्मत पाप की और हम इस पाप की इमारत को छोड़ते हैं। साधो, माया महाठगनी हम जानी। धर्मस्य तत्त्वं निहित गुहायाम।

साधो, युधिष्ठिर ने कहा था—महाजन जिस पथ से चलें, वही धर्मपथ है। महाजन तो हमारे यहाँ 'सूदखोर' को कहते हैं। जो लोगों को रुपया उधार देकर घर और खेत पर कब्जा कर लेता है। क्या इस महाजन के पथ पर चलना धर्म है? दूसरे महाजन महापुरुष हिटलर जैसे होते हैं जिनके पीछे उन्माद में लोग चलते हैं। इस महाजन हिटलर ने आधी दुनिया का नाश किया था। ऐसे ही महाजन भिंडरावाले हुए जिनके उन्मादी चेले हिंसा कर रहे थे। तब प्रमुख ग्रन्थी उनसे डरते थे और समझते थे, वह पन्थ की सेवा कर रहा है। तब न उसे अकाल तख्त से निकाला, न आतंकवादी की निन्दा की। शान्ति होने के बाद भी न तो प्रमुख ग्रन्थियों ने उस आतंकवाद की निन्दा की, न खालिस्तानवाद की। अब जाकर प्रमुख ग्रन्थियों ने आतंकवाद की निन्दा की जब वे खुद खदेड़े गए। तो धर्म यही कहता है क्या—और गुरुओं का यही उपदेश है कि जब तक अत्याचारी दूसरे बेकसूरों को मारे, वह पुण्य है? मगर जब अपने को ही खदेड़ दे तब पाप है? धन्य है धर्म की इस सही समझ को। प्रमुख ग्रन्थियों के मन में तो चोर बैठा है।

साधो, शिरोमणि गुरुद्वारा प्रबन्धक कमेटी ने भी ऐसा पवित्र प्रबन्ध किया था कि सारे हत्यारे मन्दिर में छिप जाओ। यहाँ गोला-बारूद और हथियार जमा करो।

और यहाँ से बेकसूरों, स्त्रियों और बच्चों की हत्या करते जाओ। हत्या करके फिर यहीं छिप जाओ। पुलिस यहाँ से तुम्हें नहीं पकड़ेगी क्योंकि हम तो बैठे हैं—सरकार को डराने के लिए कि खबरदार, मन्दिर को अपवित्र मत करना।

साधो, धर्म का कारोबार बहुत सधा हुआ चल रहा है। अगर किसी अपराध में पकड़ लिए गए तो पुलिस अफसर के पाँवों पर पड़ना पुण्य है। और अगर वही पुलिस अपराध रोकने मन्दिर में घुसे तो पाप हो गया। मन्दिर अपवित्र हो गया। अगर देखा जाए तो देश के सबसे बड़े सिपाही राष्ट्रपति ज्ञानी जैलसिंह हैं। वे तीनों सेनाओं के प्रधान सेनापति हैं। वे स्वर्ण मन्दिर अभी गए थे। उन्होंने ग्रन्थियों के मुख से अपनी सरकार की आलोचना सुनी। धमकियाँ भी सुनीं। मगर मन्दिर तो अपवित्र हो ही गया। क्योंकि जैलसिंह बिना वर्दी के देश के सबसे बड़े सिपाही हैं।

साधो, अब अकाली दल का कार्यालय भी फिर मन्दिर परिसर में आ गया। यह भी शुभ हुआ। यह भी पवित्रता को बढ़ाने के काम में सहायक होगा। मन्दिर में आदमी जब जाता है तो इसलिए कि थोड़ी देर तो मन, स्वार्थ, छल, प्रपंच, नफरत, फरेब से बरी होकर शुद्ध होगा। वरना जिन्दगी में चौबीसों घंटे लगे रहते हैं। अकाली दल राजनीतिक दल है। सब राजनीतिक पार्टियाँ झूठ, फरेब, छल, प्रपंच, षड्यंत्र करती हैं तो मन्दिर में अकाली दल का प्रधान कार्यालय क्यों? शायद इसलिए कि श्रद्धालुओं का मन ज्यादा शुद्ध होने लगे तो अकाली दल रोक लगा दे। अधिक शुद्ध होना भी धर्म के विरुद्ध होता है। साधो, मन्दिर सारे सिखों का है बल्कि सारी मनुष्य जाति का है। पर अकाली दल में सारे सिख नहीं हैं। सिखों का अल्प मत अकाली दल में है। फिर इसे यहाँ जगह क्यों दी गई? इसलिए कि शिरोमणि गुरद्वारा प्रबन्धक कमेटी भी अकालियों के हाथ में है। साधो, इससे पन्थ की पवित्रता यों सिद्ध होगी कि पंजाब के एक वर्ग के स्वार्थों की माँग यहाँ से उठेगी और उसे 'धर्मयुद्ध' कहा जाएगा। पिछली बार हिंसा इसी 'धर्मयुद्ध' के नारे से शुरू हुई थी—जो वास्तव में 'स्वार्थ युद्ध' था।

साधो, अब धर्म का चमत्कार देखो। खतरा टल गया, पुलिस ने ग्रन्थियों को फिर कब्जा दिला दिया, ग्रन्थियों की घबराहट मिटी तो उनके मुँह से अकाली संकीर्ण राजनीति बोलने लगी। वे अब कहते हैं कि यह घटना तो सरकार ने कराई थी। इनके मुँह से सत्य कब बोलेगा? इन्हें धर्म के कारण नहीं डर के कारण सत्य बोलने की आदत पड़ गई है। कल से पुलिस को धन्यवाद दे रहे थे। आज षड्यंत्र का आरोप लगा रहे हैं। पता नहीं कल क्या कहेंगे। गुरुओं सम्भव हो तो इन्हें थोड़ा विवेक दो।

[7 अक्टूबर, 1984]

हनुमानजी हड़ताल पर

साधो, दशहरा और मुहर्रम लगभग साथ पड़े और बहुत मामूली विघ्न के साथ देश-भर में मना लिए गए। एक विघ्न तो यह पड़ा कि ऐन वक्त पर जब सुन्दरकांड चल रहा था, तब रावण, हनुमान और सीता ने हड़ताल कर दी। यह दुर्घटना दिल्ली के 'श्रीराम कला केन्द्र' में हुई। एक बड़े उद्योगपति हो गए हैं लाला सर श्रीराम। उनके बेटे हैं—भरतराम और चरतराम। दिल्ली क्लाथ मिल और 'श्रीराम' के नाम से दूसरे कई उद्योग हैं इनके। यह श्रीराम उद्योग समूह है। मगर लन्दन में बसे उद्योगपति स्वराजपाल ने इन उद्योगों तथा एस्कार्ट्स कम्पनी की पोलें खोल दीं। उसने कुल ग्यारह करोड़ के शेयर खरीदकर इन कम्पनियों को संकट में डाल दिया। उसने बताया कि इन कम्पनियों के मालिकों का कुल दो प्रतिशत पैसा लगा है। अंग्रेजी मुहावरा है—बुल इन ए चाइना शाप, यानी चीनी मिट्टी के बर्तनों की दुकान में साँड़ का घुस पड़ना। स्वराज्यपाल ने ऐसे ही साँड़

का काम किया। ऊपर से वह कहता है—यह मेरा सिर्फ ग्यारह करोड़ का 'केबरे' था। आगे-आगे देखिए होता है क्या?

मगर साधो, मैं बात कर रहा था श्रीराम कला केन्द्र की रामलीला की। लाला भरतराम और चरतराम की पत्नियाँ पढ़ी-लिखी और कला-प्रेमी हैं। पंडित नेहरू ने प्रोत्साहित किया, जमीन और सरकारी सहायता दी और उन लोगों ने श्रीराम कला केन्द्र खोल दिया। इसमें सारा साल ऊँचे स्तर के नृत्य नाट्य और संगीत के कार्यक्रम होते हैं। नियमित नौकरी पर कई कलाकार, संगीतज्ञ आदि हैं। साधो, इस साल रामलीला में एक वेतन-लीला हो गई। यह माया 'रमैया की दुल्हन' बाजार लूटती फिरती है। यह रामलीला नृत्य-नाट्य (बैले) बहुत मशहूर है। दिल्ली में भी यह रामलीला होती है और दूसरे शहरों में भी। इस साल जब सुन्दरकांड और लंकाकांड होने थे, तब रावण, हनुमान और सीता ने हड़ताल कर दी। इनके बिना रामलीला पूरी हो नहीं सकती। हनुमान लंका नहीं जलाएँगे, सीता से बात नहीं करेंगे, वानरों की सेना कमांड नहीं करेंगे, संजीवनी बूटी नहीं लाएँगे, मगर सीता? सीता तो अशोक वाटिका में होंगी नहीं। वे हड़ताल पर हैं। रावण भी हड़ताल पर है तो राम किसे मारें? विभीषण टापते रह गए। साधो, सीता हो, चाहे हनुमान, चाहे रावण—तनखा सबको चाहिए। बिना तनखा के क्या लीला? रोजी-रोटी का इन्तजाम तो भगवान को भी करना पड़ता है। भक्ति में कोई 'प्रोटीन' नहीं होता। साधो, इसी तरह कृष्ण लीला में जब द्रौपदी नंगी की जा रही थी और वह कृष्ण को पुकार रही थी, तब ऊपर साड़ी लेकर बैठे कृष्ण चिल्लाए—अब कृष्ण साड़ी नहीं देंगे। उन्हें तीन महीने से तनखा नहीं मिली।

साधो, उपट्रस्टी श्रीमती लाला चरतराम कहती हैं—यह कलाकारों द्वारा 'ब्लैकमेल' है। वे नहीं जानतीं कि मजदूर माँगें मनवाने के लिए ऐसा ही वक्त चुनते हैं। अगर केवट को रेट बढ़वाना होता, तो वह सरयू-तट पर खड़े राम से कहता—पहले भरत से कहकर रेट बढ़वाइए। तब मैं आपको मुफ्त नदी पार करा दूँगा। अन्यथा अयोध्या लौट जाइए।

साधो, रामलीला जगह-जगह हुई। ताजिए भी निकले। इनके साथ ही वे लीलाएँ भी हुईं, जो कराई जाती हैं। मेरा मतलब 'साम्प्रदायिक दंगों' से है। कुछ जगह हिन्दू-मुस्लिम दंगे भी हुए। हुए नहीं कराए गए। नागदा मजदूरों की बस्ती है। ट्रेड यूनियन मजबूत है, तो मजदूरों को लड़वाना और ट्रेड यूनियन तोड़ना भी धर्म की माँग थी। धर्म की यह माँग पूरी की गई। बाकी जगह पत्थर फिंकवा दिए। हजार रुपए दो तो चार गुंडे पत्थर फेंक देंगे धार्मिक जुलूस पर। उत्तर प्रदेश में मऊनाथभंजन में कई उद्योग हैं। वहाँ मजदूरों को लड़वाना मालिकों के एजेन्टों के लिए दुर्गाभक्ति और रामभक्ति था। पत्थर फिंकवाकर यह अनुष्ठान किया गया,

जिसे बढ़ाया जा रहा है। सब मंगल कार्य हैं। अयोध्या में भगवान राम को अपनी जमीन पर कब्जा दिलाने राजनीतिक उचक्कों ने बिहार के सीतामढ़ी से रथयात्रा निकाली। यह किस साम्प्रदायिक राजनीतिक दल और भारतीय संस्कृति के रखवाले किस चोर गिरोह का अभियान है, यह सब समझते हैं। जिन राम ने किष्किंधा से लंका तक विजय करके राज सुग्रीव और विभीषण को दे दिया, उन्हीं राम को अपनी जन्मभूमि पर कब्जा अब राजनीति के कीड़े-मच्छर और पिस्सू दिला रहे हैं। राम का यह काम अगले चुनाव में सीटें जीतने के लिए किया जा रहा है। इसीलिए सारे उत्तर भारत में रथयात्रा करके यह प्रचार किया जा रहा है कि देखो, इस पापी सरकार को कि भगवान राम की जन्म-भूमि म्लेच्छों को दे दी है। अब हमें मत दो तो हम धर्म की रक्षा करेंगे। यह रथयात्रा लखनऊ तक होगी क्योंकि कब्जा तो लखनऊ की सरकार पर करना है। इसके बिना राम को उनकी जन्मभूमि पर कब्जा दिलाना व्यर्थ है।

साधो, दूसरी तरफ शिया और सुन्नी में सिर-फुटौवल की अस्म अदा हो गई। कोई बिरादराने मुसलमान नहीं है। शिया है, सुन्नी है, अहमदिया है, वहाबी है। करीब चौदह शताब्दी पहले की खलीफ़ा के पद की लड़ाई की घटना है जिसकी याद में आज भी मुहर्रम पर शिया सुन्नियों को—'लानत है, लानत है' कहते हैं और सुन्नी हमला कर देते हैं। अब तो खिलाफत ही नहीं रही। वह ओहदा ही मुस्तफा कमाल पाशा ने खत्म कर दिया। मगर शिया-सुन्नी जहाँ भी हैं, लड़े जा रहे हैं।

साधो, तीन सालों से दशहरा और मुहर्रम साथ पड़ रहे हैं। एक बार तो एक ही दिन। इस बार दशहरा और मुहर्रम दो दिन के अन्तर से पड़े। इस देश में हिन्दू और मुलमान के त्यौहारों का होना सहज नहीं माना जाता। न उसे सहज होने दिया जाता। दशहरा है तो हो जाएगा। मुहर्रम है तो ताजिये निकल जाएँगे। यह सहज मानसिकता बनने नहीं दी जाती। इससे ठीक उलटी मानसिकता महीने भर पहले से बनाई जाती है। शासन के क्षेत्रों, खासकर पुलिस में घबड़ाहट मचती है—अरे बाप रे, इस साल तो दशहरा और मुहर्रम एक साथ हैं। कुछ हो न जाए! इस घबड़ाहट में शासन 'ओवर एक्टिंग' करने लगता है। इधर दो-दो कौड़ी के नेता बयान देने लगते हैं कि हिन्दू-मुस्लिम भाई-भाई हैं। इसलिए दोनों पर्व शान्ति से मना लें। अपीलें निकलती हैं जिम्मेदार लोगों की कि शान्ति रखें, साम्प्रदायिक सद्भाव बनाए रखें। जिनकी बात उनका कुत्ता भी नहीं मानता, वे छुटभैया नेता भी अपील निकालते हैं। साधो, दंगा आकस्मिक नहीं होता। कोई हिन्दू या मुसलमान नागरिक घर से निकलकर परस्पर नहीं लड़ते। दंगा हमेशा आर्थिक और राजनीतिक फायदे के लिए साम्प्रदायिक राजनीति के नेता कराते हैं। अगर इन्हें दंगा कराना हो, तो क्या वह इन अपीलों से रुक जाएगा?

मगर साधो, दोनों सम्प्रदायों को याद दिलाई जाती है कि परम्परा से ऐसे मौके पर लड़ना तुम्हारा धर्म है। तुम लड़ोगे तो वह स्वाभाविक और नीतिगत होगा। इस तरह साम्प्रदायिक जहर उभारकर ये अपीलों और बयानों वाले झगड़े की मानसिकता बनाते हैं। सोचो, इससे क्या दंगों को प्रोत्साहन नहीं मिलता ? चुप रहकर दशहरा और मुहर्रम हो क्यों नहीं जाने देते ? मगर चुप रहें तो बताएँ कब कि हम तुम्हारे नेता हैं ?

[14 अक्टूबर, 1984]

उत्तर की डी.एम.के.

साधो, मगरमच्छ भैंस निगलने की महत्त्वाकांक्षा लिये मुँह फाड़े बैठा था, मगर भैंस हर बार खिसक जाती थी। आखिर मगरमच्छ ने घोड़ा और बिल्ली, खरगोश, चूहा निगलकर सन्तोष कर लिया। बिल्ली, खरगोश, चूहा मगरमच्छ के पेट को सुरक्षित समझकर चले गए हैं। मगर जब मगरमच्छ इन्हें चबाने लगेगा तब कोई तो नाक या मुँह में से खिसककर बच जाएगा, और कोई चबाया जाकर पचा लिया जाएगा। साधो, चरणसिंह चन्द्रशेखर से कह रहे थे कि गठबन्धन नहीं, विलयन होना चाहिए—यानी मेरे पेट में जनता पार्टी आ जाए। चन्द्रशेखर के अंग भंग हो रहे थे मगर वे मगरमच्छ के मुँह में 'विलयन' के लिए नहीं गए। आखिर अभी-अभी बहुगुणा लोकतांत्रिक समाजवादी दल लेकर चरणसिंह में विलय कर गए। गुजरात के रतुभाई अदानी आ गए। जनता पार्टी के काफी नेता आ गए। और आ रहे हैं। शरद पवार की पार्टी लगभग पेट में चली गई। देवीलाल वगैरह को, समाजवादियों

को डेढ़ साल पहले चौधरी ने 'गेट आउट कर' दिया था। अब उन्हें 'गेट इन' का हुक्म दे दिया। चौधरी साहब का पार्टी चलाने का यही लोकतांत्रिक तरीका है—डिसमिस! गेट आउट! कम इन! साधो, तुम पूछोगे कि गुरु, ये लोग आ क्यों गए। बात यह है कि इन्हें कहीं और जाने को नहीं था। इनमें कोई राष्ट्रीय नेता नहीं हो सका। बहुगुणा राष्ट्रीय नेता होने की महत्त्वाकांक्षा रखते थे, मगर वे क्षेत्रीय ही रह गए। चौधरी चरणसिंह रेडीमेड और स्थायी राष्ट्रीय नेता हैं। हालाँकि उनके अनुयायी उत्तर के तीन राज्यों में जाट और यादव बड़े किसानों में से ही हैं।

साधो, चौधरी साहब ने 'दलित मजदूर किसान पार्टी' बना ली है। चुनाव की घोषणा होते-होते वे दो बार और दूसरे नामों से पार्टियाँ बना सकते हैं। जिन्दगी भर वे यही करते रहे हैं। वे बहुत मुलायम लौह पुरुष हैं। अब एकदम चुनाव हो जाएँ तो यह पार्टी काम की है। देर हुई तो यह नई पार्टी बेकाम हो जाएगी। चौधरी सीमेंट की तरह हैं। सीमेंट में पानी डालकर उस घोल को फौरन फर्श या दीवार पर या जोड़ में लगाना पड़ता है। तब वह जकड़ती और जोड़ती है। देर हो जाए तो सीमेंट पत्थर होकर बेकार हो जाती है। अगर चुनाव में देर हुई तो यह दलित मजदूर किसान पार्टी की बोरी की सीमेंट बेकार हो जाएगी और चौधरी नई पार्टी की नई सीमेंट की बोरी ले लेंगे।

साधो, यह दलित मजदूर किसान पार्टी है। दलित कौन है, यह चौधरी तय करेंगे। दलित का इतना ही अधिकार और कर्तव्य है कि वह बड़े भूमिपतियों की निष्काम सेवा करें और कभी-कभी उत्सव के लिए उनमें सिर फुड़वाएँ और अपनी झोंपड़ियों में आग लगवाकर होली मनाएँ। मजदूर को चौधरी चोर और डाकू समझते हैं। उनका कहना है कि मजदूर संगठित होकर मजदूरी बढ़वाते हैं। बोनस लेते हैं—तो इस तरह पूँजी पर डाका डालते हैं। लीजिए, हो गया मजदूरों का भला। अब किसान-चौधरी अपने को किसान नेता मानते हैं। मगर किसान कौन? छोटे किसान को वे किसान नहीं मानते। बड़े किसानों को इनकी जमीन छीन लेना चाहिए और इनसे अपने खेतों पर बेगार कराना चाहिए। चौधरी सहकारी खेती के घोर विरोधी हैं क्योंकि इसमें छोटे किसान मिलकर पनपते हैं। ये सब सिद्धान्त चौधरी साहब के पहले से तय हैं, इसलिए पार्टी का घोषणा-पत्र बनाने और कार्यक्रम तैयार करने का पाखंड करने की जरूरत नहीं है। सिद्धान्त, झंडा, कार्यक्रम—सब चौधरी हैं।

साधो, मैंने पहले कहा है कि अभी मगरमच्छ निगल रहा है। इसके [illegible] एक-एक को चबाएगा। कर्पूरी ठाकुर वगैरह समाजवादी निगले जाएँगे। भूतपूर्व साम्यवादी चन्द्रजीत यादव भी पेट में पहुँचेंगे। जब चबाए जाएँगे तब बहुगुणा का रूस समर्थन, अल्पसंख्यक प्रेम, समाजवाद कचूमर हो जाएँगे। चरणसिंह बहुगुणा को के.जी.बी. एजेन्ट कहते रहे हैं। चालाकी में इन्दिरा गांधी से हार खाकर बहुगुणा

कांग्रेस छोड़कर खुद राष्ट्रीय नेता बनने लगे। इन्दिरा-विरोध ने उन्हें पागल बना दिया और उन्होंने बयान दे दिया कि सोवियत नेता भारतीय जनता से नहीं, एक व्यक्ति इन्दिरा गांधी से मित्रता रखे हैं। यह परिपक्व और बुद्धिमान रूसी नेता वर्ग का अपमान तो है ही, भारत की जनता का भी अपमान है। हताशा में बहुगुणा चौधरी के पेट में चले गए। चौधरी इनके समाजवाद, रूस प्रेम, मुस्लिम समर्थन, धर्म-निरपेक्षता को चबाकर पचा लेंगे। लोहिया समाजवादियों के समाजवाद और वर्ण-समानता को भी चौधरी पचाकर दस्त के रास्ते से निकाल देंगे। चन्द्रजीत यादव के वैज्ञानिक समाजवाद को चौधरी थूक देंगे।

साधो, इसके बाद चौधरी चुपचाप भारतीय जनता पार्टी से समझौता करेंगे। ये पेट में जाने वाले अभी-अभी तक इस पार्टी को साम्प्रदायिक कहते हैं, जो वह है मगर जब चौधरी अटलबिहारी से समझौता करेंगे तब इन समाजवादियों और धर्मनिरपेक्ष लोगों को अटलबिहारी की शरण में जाना होगा। आखिर ये चौधरी के पेट में हैं, बाहर स्वतंत्र नहीं हैं।

साधो, सिद्धान्तहीन इस राजनीति को देखकर मुझे इन लोगों पर गुस्सा भी आता है और दया भी आती है। अपना क्या हाल कर लिया इन लोगों ने! अन्धी राजनीति, अन्धी नफरत, अन्धी कुर्सी-दौड़ में ये कभी के क्रान्तिकारी अब हास्यास्पद विदूषक हो गए हैं। चौधरी मस्त हैं—

सबसे भले विमूढ़ मति जिनहिं न व्यापे जगत गति!

[28 अक्टूबर, 1984]

देशभक्ति विभाजित

साधो, अब यह स्पष्ट हो गया है कि 'दक्षिणपन्थी राजनीतिक दल' यह मानते हैं कि जो भारत देश नाम की जायदाद है, इस पर इन्दिरा गांधी ने कब्जा कर रखा है। यह उन्होंने व्यक्तिगत जागीर बना रखी है। ये दल यह भी मानते हैं कि यह कब्जा नाजायज है और इस जागीर पर असली हक उनका है। वे इस जागीर पर एक बार कब्जा कर चुके थे, पर यह सिर्फ ढाई साल रहा। अब वे स्थायी रूप से इस जागीर पर कब्जा करने की कोशिश में लगे हैं। जब तक यह जागीर इन्दिरा गांधी के कब्जे में है, तब इसकी रक्षा की जिम्मेदारी भी सिर्फ उन्हीं की है। पाकिस्तान–अमेरिका–चीन से अगर भारत जागीर को खतरा है तो उससे इन्दिरा गांधी निपटे। हम क्यों दूसरे की जागीर की रक्षा करें? जबकि हम तो चाहेंगे कि भीतर और बाहर से वह इतनी तंग हो जाएँ कि कब्जा छोड़ दें तो हम जागीर पर कब्जा कर लें।

साधो, बड़ी साफ और सुखदायक स्थिति है। तुम चाहो तो इसे देशभक्ति भी कह सकते हो, राष्ट्रपति भी कह सकते हो, राजनीतिक विवेक भी कह सकते हो। मगर वास्तविक स्थिति बिल्कुल यही है। साधो, प्रधानमंत्री लगभग रोज ही बाहरी खतरे से देश को सावधान कर रही हैं। अगर वे झूठा डर पैदा कर रही हैं, युद्ध का उन्माद पैदा कर रही हैं, व्यर्थ उलझ रही हैं तो सचमुच बुरा कर रही हैं। मगर यह तय कौन करे कि वे झूठा हौआ खड़ा कर रही हैं? ये दक्षिणपन्थी दल कहते हैं कि वे खतरे का हौआ खड़ा करके चुनाव जीतना चाहती हैं। अगर वे सचमुच यह कर रही हैं, तो बहुत गलत कर रही हैं। मगर यह कैसे जानें कि वे ऐसा कर रही हैं? साधो, इसका एक पक्का तरीका तो यह है कि यह मान लिया जाए कि इन्दिरा गांधी हर बात झूठ बोलती हैं और चन्द्रशेखर, जार्ज फर्नांडिस, बीजू पटनायक, अटलबिहारी वाजपेयी वगैरह हर बात सच बोलते हैं। यह मान लो कि इस देश में जैसे धान और गेहूँ और चने की नस्लें हैं वैसे ही राजनीतिज्ञों की भी नस्लें हैं। यहाँ सच्चे राजनेता और झूठे राजनेता के बीज अलग-अलग हैं। झूठ के बीज से पैदा हुए हैं कांग्रेस नेता तथा दोनों कम्यूनिस्ट पार्टियों के नेता और चन्द्रजीत यादव जैसे कुछ वामपन्थी। ये सच्चे हो ही नहीं सकते क्योंकि ये झूठ के बीज से पैदा हुए हैं। बाकी दक्षिणपन्थी सच के बीज से पैदा हुए हैं। अटलबिहारी वाजपेयी वगैरह संघी भाजपाई की विकसित नस्ल है—संकर नस्ल। ये पहले घोर पाकिस्तान विरोधी थे, मगर अब पाकिस्तान समर्थक। झूठ और सच और पाखंड के संकर बीज से यह फसल आई है। अच्छी है। साधो, अगर झूठों और सच्चों की ये दो नस्लें मान लें, तो बात समझ में आ जाती है।

मगर साधो, तुम लोग हो काँइयाँ। इतनी सहज बात मानोगे नहीं। दाँव-पेच में सोचोगे। तुम पूछोगे, गुरु, यह बताइए कि जब भी प्रधानमंत्री पाकिस्तान का नाम लेती हैं, तब देशी मुहावरे के अनुसार इन्हें मिर्ची क्यों लग जाती है? अटलबिहारी वाजपेयी ने कहा था—मैं पंजाब में कोई विदेशी हाथ नहीं देखता। जो हैं, वे देशी हाथ हैं जिनमें दस्ताने पहने कोमल हाथ भी हैं। इसका क्या अर्थ है? क्या अटलबिहारी को यह भी बरदाश्त नहीं है कि यह कहा जाए कि पाकिस्तानी हथियार मिले हैं, पाकिस्तानी मुद्रा मिली है, पाकिस्तानी मदद के सबूत मिले हैं? तुम पूछोगे—गुरु, जो तथ्य है, जो शक है, वह क्यों न कहा जाए? अटलबिहारी वाजपेयी जैसे राष्ट्रभक्त अपनी मातृभूमि भारत माता की चिन्ता छोड़कर पाकिस्तान की चिन्ता में क्यों लगे हैं। चन्द्रशेखर कहते हैं—इन्दिरा गांधी पाकिस्तान से खतरे का झूठा हौआ खड़ा कर रही हैं, हालाँकि मैं भी इस खतरे को कम करके नहीं आँकता। भैया चन्द्रशेखर, तू भी खतरे को कम नहीं आँकता फिर अगर देश की प्रधानमंत्री आगाह कर रही हैं, तो क्या बुरा कर रही हैं। तू अगर प्रधानमंत्री होता तो तू भी आगाह करता।

साधो, तुम पूछोगे कि पाकिस्तान इतने हथियार क्यों एकत्र कर रहा है ? हिन्द महासागर में अमेरिकी फौजी बेड़े किसके लिए घूमते हैं ? अमेरिका ने झूठी खबर उड़ा दी कि भारत के जगुआर विमान आगे के मोर्चे पर पहुँच गए हैं और वे पाकिस्तान के अणु ठिकानों को नष्ट करने वाले हैं। इस झूठी खबर से रीगन-प्रशासन ने अमेरिकी जनता सीनेट और कांग्रेस को धोखा देकर पाकिस्तान को नई हथियार पूर्ति के आदेश पर दस्तखत कर दिए। और फिर कह दिया कि बादलों के कारण हमारे उपग्रह को गलत दिख गया था। अब रीगन कहते हैं कि अगर भारत ने पाक पर हमला किया तो अमेरिका पाक की मदद करेगा। सवाल है कि कौन तय करेगा कि भारत ने हमला किया ? वही अमेरिकी उपग्रह बताएगा जिसने अभी बादलों में जगुआर विमान देख लिए थे ? जब यह सब हो रहा है, तब अगर प्रधानमंत्री कहती हैं कि सावधान रहो, तो ये दक्षिणपन्थी दल क्यों चिढ़ जाते हैं ?

साधो, इस देश में देशभक्ति सीधे-सीधे विभाजित हो चुकी है। रिटायर्ड लेफ्टिनेंट जनरल सिन्हा, जिनकी तबीयत का हाल पूछने कलकत्ता से अमेरिकी कूटनीतिज्ञ पटना आए और बात करके सीधे अमेरिका चले गए। वे जनरल सिन्हा अपनी ठीक जगह आ गए। वे पूना में भारतीय जनता पार्टी की राष्ट्रीय परिषद में अतिथि की हैसियत से बोलेंगे। वे चुनाव भी लड़ेंगे। साधो, साफ है कि जनरल सिन्हा जब नौकरी पर थे, तभी से अमेरिकी कूटनीतिज्ञों से उनके सम्बन्ध थे। यह अनुशासन-भंग था।

साधो, तो देशभक्ति का विभाजन इस तरह हो गया है। दक्षिणपन्थी उस अमेरिकी योजना के हिसाब से काम कर रहे हैं, जिसमें एशिया में अमेरिका द्वारा मोर्चाबन्दी है। ये भारत की स्वाधीनता को सीमित करके देश को इस अमेरिकी जाल में डालना चाहते हैं। तभी उन्हें सब कुछ प्यारा लगता है, जो अमेरिकी हो—यहाँ तक कि पाकिस्तान को दिए जा रहे हथियार भी। इन पवित्र हथियारों से मरने से स्वर्ण मिलता है। यह देशभक्ति भारत की पक्षधर न होकर अमेरिका की पक्षधर है। दूसरी देशभक्ति है—देश स्वाधीन व गुट निरपेक्ष रहे, अमेरिका की अधीनता स्वीकार न करे, आत्म-सम्मान बनाए रखे और समाजवादी देशों से मित्रता रखे। आगामी चुनाव इन दो प्रकार की देशभक्ति की आपसी लड़ाई है। इसीलिए अमेरिकी डालर यहाँ बह रहे हैं। एक देशभक्ति है अमेरिकी साम्राज्यवाद का साथ देना और दूसरी उनका विरोध करना।

[30 अक्टूबर, 1984]